Un Regalo
para el Alma

Historias para reflexionar

Un Regalo para el Alma

Historias para reflexionar

Aimee SBP™
Aimee Spanish Books Publisher
www.AimeeSBP.com
1(888) AIMEE 41   1(888) 246-3341

Aimee SBP™

Aimee Spanish Books Publisher

www.AimeeSBP.com

1(888) AIMEE 41   1(888) 246-3341

"Un Regalo para el Alma: Historias para reflexionar"

ISBN-10: 1-934205-08-7

ISBN-13: 978-1-934205-08-2

Printed in China

ÍNDICE

INTRODUCCIÓN

Todos nos hemos encontrado en algun momento con situaciones difíciles; problemas de salud, de trabajo, de pareja, problemas y dificultades con nuestros familiares y amigos.

También hemos llegado a creer que todo está en nuestra contra, nos hemos sentido deprimidos, tristes y sin ánimo, solos, despreciados, discriminados y abusados; en fin, no le vemos sentido a nuestra existencia y creemos que es muy difícil, y hasta imposible encontrar la luz dentro de las tinieblas que nos rodean.

Sin embargo... ¡seguimos vivos!, "mientras hay vida hay esperanza" dicen por ahí, y si reflexionamos un poco, el tener vida es ya en sí un triunfo. Recuerda: "Dios no patrocina fracasos" (Pág. 30) y "Tu futuro te pertenece" (Pág. 98).

Este libro tiene como propósito darte "una manita" para motivarte y ayudarte en esos duros momentos de tu vida, espero que las historias (muchas de ellas verídicas) y narraciones que aquí encontrarás, de alguna manera te ayuden a dominar tus temores y conquistar tus sueños. ¡camina siempre hacia adelante! ¡No te rindas! Permite que este libro sea una escalera para alcanzar tus más altos anhelos y metas. Y recuerda que si todo esto llegará a fallar, siempre puedes recurrir a la "Filosofía canina" (Pág. 174)

Te deseo lo mejor de la vida para ti y tus seres queridos.

Tu amigo de siempre,

José Ventura.

LA REALIDAD

Tenemos edificios más altos,
pero templos más pequeños.
Autopistas más anchas,
pero puntos de vista más estrechos.

Gastamos más dinero y tenemos cada vez menos.
Compramos más y disfrutamos menos.

Tenemos casas más grandes y familias más pequeñas.
Cosas más convenientes pero menos tiempo.

Más educación y menos sentido.
Más conocimiento y menos juicio.

Más expertos y mayores problemas.
Más medicinas y menos bienestar.

Tomamos mucho, fumamos mucho,
gastamos sin medida, reímos muy poco.

Manejamos muy rápido y nos
enfurecemos demasiado rápido.

Nos acostamos muy tarde
y nos levantamos temprano muy cansados.

Casi no leemos, vemos demasiada TV
y casi nunca oramos.

Le hemos sumado años a la vida y no vida a los años.

Hemos multiplicado nuestras posesiones
pero reducido nuestros valores.

Hablamos demasiado, amamos muy poco
y mentimos casi todo el tiempo.

Hemos aprendido a ganarnos la vida
pero no a disfrutarla.

Hemos ido y vuelto a la luna,
pero no podemos cruzar la calle
para conocer a un vecino.

Hemos conquistado el espacio exterior
pero no el interior.

Hacemos cosas más grandes pero no mejores.

Hemos limpiado el aire pero no el alma.

Hemos dividido el átomo pero no nuestros prejuicios.

Escribimos mucho pero aprendemos poco.
Planeamos mucho pero conseguimos muy poco.

Hemos aprendido a hacer las cosas más rápido,
pero no a tener más paciencia.

Tenemos ganancias más altas pero moral más baja.
Tenemos más alimento pero menos paz.

Cada vez tenemos más cantidad y menos calidad.

Construimos más computadoras para guardar más información, para producir más copias que nunca, pero nos comunicamos menos.

Esta es la época de la comida rápida
y de la digestión lenta.

Hombres altos pero de carácter bajo.

Profundas ganancias y relaciones superficiales.

Es la época de la paz mundial y la guerra doméstica.

Más tiempo y menos diversión.

Más tipos de comida y menos nutritivas.

Ahora tenemos ingresos conjuntos y más divorcios.
Cosas más bellas, pero más hogares rotos.

Esta es la época de viajes rápidos,
pañales desechables,
moralidad en decadencia,
pasiones de una noche,
cuerpos con sobrepeso,
pastillas que hacen todo,
desde alegrarte
hasta calmarte y ...matarte.

Esta es la época donde tenemos todo en la exhibición
y nada en el inventario.

Nos convencemos a nosotros mismos
de que la vida será mejor después de casarnos,
después de tener un hijo,
y entonces después de tener otro.

Luego nos sentimos frustrados de que los hijos
no sean lo suficientemente grandes
y que seremos felices cuando lo sean;
después de eso nos frustramos porque son adolescentes,
rebeldes y difíciles de tratar.

Ciertamente seremos más felices
cuando salgan de esta etapa.

Nos decimos que nuestra vida estará completa
cuando a nuestro esposo o esposa le vaya mejor,
cuando tengamos un mejor carro o una mejor casa.

Cuando nos podamos ir de vacaciones,
cuando tengamos más dinero,
cuando estemos retirados.

La verdad es que no hay mejor momento
para ser felices que ahora.

Si no es ahora, ¿cuándo?
La vida siempre estará llena de retos,
es mejor admitirlo
y decidir ser felices de todas formas.

Así es que deja de esperar
hasta que termines la escuela,
hasta que bajes diez libras,
hasta que tengas hijos,
hasta que tus hijos se vayan de casa,
hasta que te cases,
hasta que te divorcies,
hasta el viernes por la noche,
hasta el domingo por la mañana,
hasta la primavera, el verano,
el otoño o el invierno,
o hasta que mueras...

Para decir que no hay mejor momento
que este para ser feliz.

AMOR VERDADERO

"Ella no sabe quién soy yo, yo sé muy bien quién es ella"

Un hombre llegó a la clínica donde trabajo para atenderse una herida en una mano. El tipo se mostraba impaciente, parecía tener mucha prisa. Mientras lo curaba, le pregunté qué era eso tan urgente que tenía que hacer. Me dijo que iría a una casa-hogar de ancianos, para desayunar con su esposa, que allí vivía. Me contó, además, que ella llevaba algún tiempo en ese lugar, que padecía un Alzheimer muy avanzado. A punto de terminar de vendar su herida, le pregunté si ella estaría preocupada por su tardanza de esa mañana.

– No –me dijo–, ella no sabe quién soy. Hace ya algún tiempo que no me reconoce.

Entonces, le pregunté extrañado:

– Y si ya no sabe quién es usted, ¿por qué esa preocupación de estar con ella todas las mañanas?

Sonrió, y dándome una palmada en la espalda, se limitó a decir:

– Ella no sabe quién soy yo, yo sé muy bien quién es ella.

Fue una gran lección la que recibí esa mañana. Cuando el hombre se marchó, pensé: "Esta es la clase de amor que quiero para mi vida".

EL DÍA MÁS FELIZ QUE TUVE

Si alguien me preguntase si alguna vez fuí yo feliz diría que fue cuando mis ojos la vieron por primera vez, mucho antes que mi pequeño corazón diera su primer latido. Yo fuí feliz, aún cuando el dolor interno pasaba cerca de mi refugio.

Porque el día más feliz de mi vida me lo da ella. Porque ella me cogió en su vientre y cuidó de mí. Porque soy parte de ella y ella es parte de mí. Porque su amor por mí fue más grande que el sufrimiento. Porque la ternura pudo más que la amargura. Porque ella supo siempre amar con sentimiento.

Si alguien me preguntase si alguna vez fuí feliz ¿Cómo? Diría que con cada beso, con cada sonrisa, hasta con cada regaño.

Soy feliz, aun cuando sé que la vida nunca es eterna. Aún cuando la ausencia traiga melancolía al corazón. Ella siempre llenará el vacío que pueda tener dentro de mí. ¿Por qué la vida se convierte en un simple parpadeo? ¿Por qué la vida es más corta que la felicidad?

Me pregunto si me faltan más años para entender el ciclo vital. Porque el día más feliz fue cuando supe que me amaba. Porque fuí feliz cuando pude decirle "te amo".

Lo que yo daría por tener mi felicidad por siempre junto a mí. El día mas feliz fue cuando ví su rostro, cuando oí su voz, cuando me cogió en sus brazos, cuando sediento me dio agua de su pecho, cuando supe al fin lo que significaba la palabra "Mamá".

Los años pasan como brisa fresca por mi ventana y los ángeles del cielo aún no aclaman su nombre y yo aún puedo ver esa sonrisa inocente reflejada en sus ojos. Porque ella hace de mi error su comprensión. Porque ella hace de mi tristeza una alegría. Porque su mano estará siempre ahí para acogerme. Porque me enseñó a vivir sin temer al fracaso. Porque mi felicidad esta ahora con ella y si ella no está yo sé que ella de donde esté me regalará una nueva felicidad.

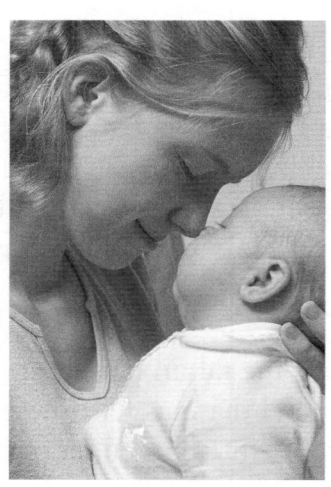

CAMINOS DEL ÉXITO

"Casi nadie piensa en cambiarse a sí mismo"

Todo el mundo piensa en cambiar a la humanidad,
pero casi nadie piensa en cambiarse a sí mismo.
El camino del éxito no es un camino recto:

Presenta curvas, llamadas FRACASO.

Subidas, llamadas CONFUSIÓN.

Reductores de velocidad, llamados AMIGOS.

Luces rojas, llamadas ENEMIGOS.

Luces de precaución, llamadas FAMILIA.

Tendrías llantas vacías, llamadas TRABAJO;

pero si tienes un repuesto, llamado
DETERMINACIÓN;

un motor, llamado PERSEVERANCIA;

un seguro, llamado FE

y un conductor, llamado JESÚS.

De seguro llegarás a aquel lugar, llamado ¡ÉXITO!

APROVECHA EL DÍA

No dejes que termine sin haber alimentado tus sueños.
No te dejes vencer por el desaliento.

No permitas que nadie te quite el derecho
de expresarte, que es casi un deber.

No abandones tus ansias de hacer
de tu vida algo extraordinario.

No dejes de creer que las palabras y la poesía sí pueden
cambiar el mundo. Porque pase lo que pase,
nuestra esencia está intacta.
Somos seres humanos llenos de posibilidades.

La vida es desierto y oasis, nos derriba, nos lastima,
nos enseña, nos convierte en protagonistas
de nuestra propia historia.

No dejes nunca de soñar,
porque en sueños es libre el hombre.

No caigas en el peor de los errores, el silencio.
La mayoría vive en un silencio espantoso.

No te resignes. ¡Huye!
Emite tu alarido sano por los techos de este mundo.

Valora la belleza de las cosas simples,
y también la simpleza de la belleza.

No traiciones tus creencias,
todos necesitamos aceptación,
pero no podemos remar en contra
de nosotros mismos,
eso transforma la vida en un infierno.

Disfruta el pánico que provoca tener
la vida por delante. Vívela intensamente
sin mediocridades.

Piensa que en ti está el futuro
y encara la tarea con orgullo y sin miedo.

Aprende de quienes pueden enseñarte.
No existe nadie tan sabio que no pueda aprender
algo nuevo, como tampoco hombre tan pobre
que no tenga algo por enseñar. ¡Aprende!

Pero sobre todo *aprende a vivir*
y enseña a alguien más.

No permitas que la vida se te escape de las manos,
disfrutala y gózala al máximo.

CARTA DE UN BEBÉ

"¿Sabes?, ya distingo perfectamente tu voz"

Hola, mami linda. ¿Cómo estás? Yo muy bien. Gracias a Dios, hace apenas unos días me concebiste en tu pancita. No te puedo explicar lo contento que estoy de saber que tú vas a ser mi mamá; también me llena de orgullo ver el amor con el que fui concebido.

¡Todo parece indicar que voy a ser el niño más feliz del mundo! Mami, ha pasado un mes desde mi concepción, y ya empiezo a ver cómo mi cuerpecito se empieza a formar. Y me digo: "no estoy tan bonito como tú, pero ya late la vida en mí". ¡Qué bonita es la vida, la siento en cada una de mis células que van dando forma a mis órganos...! Si tú supieras todas las capacidades que se están forjando en mi cerebro, y todo lo que mi corazoncito empieza a sentir.

Más no entiendo, pues hay algo que me tiene un poco preocupado... Últimamente, me he dado cuenta de que algo pasa en tu cabecita, al punto de que no te deja dormir; pero, bueno, ya se te pasará, no te apures mamita, siempre contarás con mi amor.

Mami, ya pasaron dos y medio meses, y me siento feliz con mis nuevas manitas, ya tengo ganas de jugar. ¡Estoy muy emocionado, esperando el feliz día de poder verte y abrazarte!, porque, ¿sabes?, ya distingo perfectamente tu voz, ¡es muy lindo escucharte, sobre todo cuando estás contenta!

Pero, mamita, dime qué te pasa. ¿Por qué, última-mente, lloras todas las noches? ¿Por qué cuando, ade-más de tu voz, escucho la de mi papi, se gritan tanto? ¿Ya no me quieren? Voy a hacer lo posible para que me quieran.

Han pasado ya tres meses, mami, y te noto muy ca-llada, parece que duermes más, ya casi no me hablas y no siento el mismo calor de tus manos, no entiendo qué pasa, estoy muy confundido.

Platícame, mami, me encanta escucharte y saber lo que piensas y lo que haces; porque aunque te escucho y te siento, no puedo verte. Hoy por la mañana estuvi-mos con el doctor, y desde que te dijo lo de la próxima cita ya no hablaste más. ¿Qué pasa?

No entiendo, yo me siento muy bien... ¿Acaso te sientes mal, mamita? Mami, ya es el día de la cita y tú sigues callada conmigo. ¿A dónde vamos?

¿Qué pasa, mami? ¿Por qué lloras? No llores, no va a pasar nada malo. Oye, mami, no te acuestes, apenas son las dos de la tarde, es muy temprano para irse a la cama; además, yo no tengo sueño, quiero seguir jugan-do con mis manitas, contando los sonidos de tu cora-zón, que por cierto, mami, son muy diferentes a los del mío, y deseo volver a escuchar que me hables y acari-cies...
¡Ay, ah! ¿Qué hace ese tubito en mi casita? ¿Acaso es un juguete para mí? ¡Oigan! ¿Por qué están succio-nando mi casa?

¡Mami! ¡Esperen! ¡Esa es mi manita...!

Señor ¿Por qué me la arrancan? ¿Qué no ven que me duele? ¡Ah, mami, defiéndeme, me estoy desangrando!

¡Mamá...! ¡Ayúdame! ¿No ves que todavía estoy muy chiquito y no me puedo defender? Además, aquí dentro no hay espacio suficiente para esconderme. Mami, ¡Mi piernita...! ¡Me están destrozando mi piernita! Por favor, diles que ya no sigan, te prometo que ya me voy a portar bien, ya no te volveré a patear. ¿Cómo es posible que un ser humano me pueda hacer esto? ¡Ah...! Mami, ya no puedo más, me picaron el corazón, ¡Ah! ¡Ay!... Mami, ¡ayúdame!...

Mamá, han pasado ya diez y siete años desde aquel fatídico día, y desde aquí observo cómo todavía te duele esa decisión que tomaste.

Por favor, ya no llores, acuérdate que te quiero mucho y aunque ya no existo fisicamente, siempre viviré en tu memoria.

Te quiere. Tu bebé.

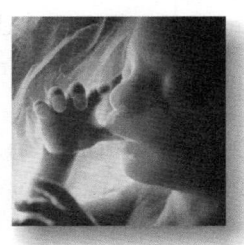

LA SONRISA

Una sonrisa no cuesta nada y produce mucho.

Enriquece a quienes la reciben,
sin empobrecer a quien la da.

No dura más que un instante,
pero su recuerdo a veces es eterno.

Nadie es demasiado rico para prescindir de ella,
ni nadie es demasiado pobre para no merecerla.

Da felicidad en el hogar y apoyo en el trabajo.
Es el símbolo de la amistad.

Una sonrisa da reposo al cansado.
Anima a los más deprimidos.

No se puede comprar, ni prestar, ni robar, pues son
cosas que no tienen valor, hasta el momento en que se
da. Y si alguna vez te tropiezas con alguien que no sabe
dar una sonrisa más, se generoso, dale la tuya.

Porque nadie tiene tanta necesidad de una sonrisa
como el que no puede dársela a los demás.

Mahatma Gandhi

CÓMO TEMPLAR EL ACERO

"Por favor, nunca me pongas en la montaña
de fierro viejo de las almas"

Durante muchos años un herrero trabajó con empeño, y practicó la caridad. Pero, no obstante su dedicación, nada parecía marchar bien en su vida; al contrario, sus problemas y sus deudas se acumulaban día tras día. Una tarde, un amigo que lo visitaba y que sentía compasión por su difícil situación, le dijo:

– Realmente es muy extraño que, justamente, después de haber decidido volverte un hombre temeroso de Dios, tu vida haya comenzado a empeorar. No deseo debilitar tu fe, pero a pesar de tus creencias en lo espiritual, nada ha mejorado para ti.

El herrero no respondió, aunque algunas veces ya había pensado en eso, sin entender lo que pasaba; pero aún así mantenía una viva esperanza y fe. Como no deseaba dejar al amigo sin respuesta, le contestó:

– En este taller recibo el acero aún sin trabajar, y debo transformarlo en espadas. ¿Sabes cómo se hace esto? ¿No? Bien. Primeramente, caliento la chapa de acero bajo un calor muy intenso, hasta que se pone al rojo vivo; enseguida, sin piedad alguna, tomo el martillo más pesado y le aplico varios golpes hasta que la pieza adquiere la forma deseada; luego, la sumerjo en un balde de agua fría y el taller entero se llena con el ruido y el vapor, porque la pieza estalla y grita a causa del violento cambio de temperatura. Tengo que repetir este proceso hasta obtener la espada perfecta, una sola vez no es suficiente.

El herrero hizo una larga pausa, y agregó:

– En ocasiones, el acero que llega a mis manos no logra soportar este tratamiento. El calor, los martillazos y el agua fría terminan por llenarlo de rajaduras; en ese momento, me doy cuenta de que jamás se transformará en una buena hoja de espada y, entonces, simplemente lo arrojo a la montaña de fierro viejo que está en la entrada de mi herrería.

Hizo otra pausa más, y el herrero terminó:

– Sé que Dios me está poniendo en el fuego de las aflicciones. Acepto los 'martillazos' que la vida me da, y a veces me siento tan frío e insensible como el agua que hace sufrir al acero. Pero, entonces pienso: "Dios mío, no desistas hasta que yo consiga tomar la forma que Tú esperas de mí; inténtalo de la manera que te parezca mejor, por el tiempo que quieras; pero, por favor, nunca me pongas en la montaña de fierro viejo de las almas".

DIOS NO PATROCINA FRACASOS

¿Sabes qué se necesita para ser mamá?

Bueno, podrías darme argumentos como: para ser mamá primero se necesita ser responsable, tener madurez física como intelectual, planificar bien... etc. Pero la verdad básicamente lo que se necesita para ser mama, es un "papá", ¿cierto?

Bien, ahora dime, ¿cómo se hace un bebé? Bueno, para nadie es un secreto que para engendrar un bebé ambos padres aportan células importantes. La madre aporta algo que se llama óvulo y el papá aporta algo que se llama esperma en el cual viajan los espermatozoides. Ahora bien, dime ahora... ¿Cuántos espermatozoides compiten para llegar al óvulo de la madre? ...Uno, ...dos, ...diez, ¿cuántos?, ¡correcto! ...millones, tras millones, tras millones. ¿Hasta aquí estamos de acuerdo?

Bien, ahora dime... de esos millones que compiten, ¿cuantos fecundan el óvulo? Medio millón, diez, doce, cinco?

Dime... ¿Cuántos? Permíteme recordártelo: UNO ...el más capaz, el más rápido, el más fuerte, el que le ganó a esos millones...

¿Sabes? En esa carrera no hay premio para el segúndo lugar... Es decir de millones sólo UNO alcanza el premio de la vida, el campeón o la campeona. Es decir... ¡TÚ!

Desde el momento en que eres concebido en el vientre de tu madre ya traes la casta de triunfador, ya eres un ganador.

¡Dios no patrocina fracasos!

Si Dios, que es el Señor de la vida quiso darte ese don, no es por un azar de la vida, tampoco por el "fallón" de un anticonceptivo, es porque Él tiene un plan maravilloso para ti.

Por eso, cuando dices: "Yo no sirvo para nada, yo no sé por qué nací, yo soy lo peor, yo soy basura..." Estás ofendiendo a Dios, porque Él te hizo a su imagen y semejanza.

Dios... no hace basura.

¡Eres importante, eres especial!

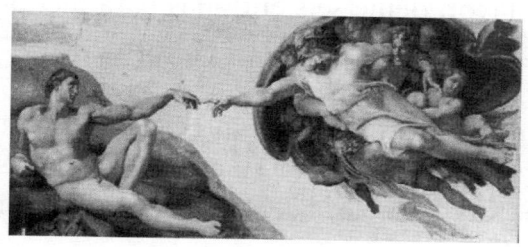

DA CON ALEGRÍA

"Gracias, gracias, señor.
Esto significa mucho para mi familia y para mí "

Cuando yo era un adolescente, en cierta ocasión mi padre me llevó al circo y hacíamos fila para comprar las entradas. Al final, sólo quedaba una familia entre la ventanilla y nosotros.

Esta familia me impresionó mucho: eran seis niños, todos, probablemente, menores de doce años. Era visible que el papá no tenía mucho dinero; las ropas que vestían no eran costosas, pero estaban limpias.

Los chicos se portaban bien, estaban bien ordenados, y todos hacían perfecta la fila de dos en dos, detrás de sus padres, tomados de la mano. Hablaban con emoción de los payasos, los elefantes y otros números que verían esa noche. Se notaba que nunca habían ido al circo. Ese evento prometía ser un hecho sobresaliente en su vida. El padre y la madre estaban al frente del grupo, de pie, orgullosos...

– Por favor, déme seis entradas para menores, y dos para adultos.

La empleada le indicó el precio. La mujer soltó la mano de su marido y ladeó su cabeza, mientras el hombre se mordía el labio, acercándose un poco más para preguntarle:

– Perdón, señorita, ¿cuánto me dijo que cuesta el boleto? –La empleada volvió a decirle el precio.

¿Cómo iba a darse vuelta y decir a sus seis hijos que no tenía suficiente dinero para entrar a ver la función?

Al ver lo que pasaba, mi papá se metió la mano en el bolsillo, sacó varios billetes de veinte dólaress y los tiró, intencionadamente, al suelo; –debo aclarar que nosotros no éramos ricos en absoluto–. Posteriormente, mi padre se inclinó, recogió los billetes, palmeó al homre sobre su hombro, y le dijo:

– Disculpe, señor, se le cayó esto.

El hombre se dio perfecta cuenta de lo que pasaba. No había pedido limosna, pero, sin duda, apreciaba la ayuda en una situación desesperada, angustiosa e incómoda. Vio a mi padre directamente a los ojos; con sus dos manos le tomó la suya, apretó los billetes, conmovido, y con una lágrima rodándole por la mejilla, replicó:

– Gracias, gracias, señor. Esto significa mucho para mi familia y para mí.

Papá y yo volvimos al auto y regresamos a casa. Esa noche no fuimos al circo, pero regresamos con el corazón lleno de alegría.

EL VUELO DEL HALCÓN

Un rey recibió dos pequeños halcones y los entregó al maestro de cerrería como obsequio para que los entrenara. Pasado unas semanas, el maestro le informó al rey que uno de los halcones estaba perfectamente, pero que al otro no sabía lo que le sucedía, no se había movido de la rama donde lo dejó desde el día que llegó.

El rey mandó a llamar curanderos y sanadores para que vieran al halcón, pero nadie pudo hacerlo volar. Al día siguiente el monarca decidió comunicar a su pueblo que ofrecería una recompensa a la persona que hiciera volar al halcón.

A la mañana siguiente, vió al halcón volando agilmente por los jardines. El rey le dijo a su corte:

"Traedme al autor de este milagro".

Su corte le llevó a un humilde campesino. El rey le preguntó: "¿Tú hiciste volar al halcón? ¿Cómo lo hiciste? ¿Eres acaso un mago?...". Intimidado el campesino le dijo al rey:

"Fue fácil mi Señor, sólo corté la rama y el halcón voló, se dió cuenta de que tenía alas y se hechó a volar."

VAS MUY APRISA

Cierta vez, un conductor se desplazaba por la carretera a una velocidad excesivamente alta, cuando, de repente justo después de una curva aparece un hombre parado en medio de la vía, haciendo señal de parada con los brazos y de una forma desesperante.

El conductor, sorprendido y a la vez asustado, toca insistentemente la bocina para ver si así el individuo se quitaba del camino. Pero fue inútil, el hombre seguía haciendo señal de parar con sus brazos.

— Debe de estar loco —dijo el conductor mientras pisaba el freno provocando un fuerte chillido y dejando dos largas marcas negras en el pavimento, logrando así detener el auto antes de atropellar a aquel hombre. Muy enojado, se baja del carro y, estrellando la puerta, se dirige hacia el hombre y le dice:

— ¿Acaso no tienes ojos? ¿No ves lo peligrosa que es esta carretera y te atraviesas en ella como si nada? ¿O acaso eres loco para no ver el peligro que corres?

— No, señor, no estoy loco —le contestó el individuo— lo que pasa es que el puente que está en la próxima curva acaba de desplomarse; y sabía que, si no hacía algo, usted, en este momento, ya estaría muerto. Tuve que arriesgar mi vida para ver si podía salvar la suya.

Quizás, en la carretera de tu vida algún "loco" –como le llaman– te ha obstaculizado el paso para hablarte del Amor de Dios, lo mucho que Cristo te ama; lo bella que es la vida, lo importante que es la familia, lo escencial que son los valores morales, etc. y te has enojado sobremanera porque **vas muy aprisa.**

Quizás hoy este libro esté obstaculizando tu camino quitándote unos minutos para leer esta historia; pero, ¿que habría pasado sí el conductor hace caso omiso al individuo del camino?

¿Qué crees que pasará a los que oyen la advertencia de la palabra de Dios y no hacen caso? A aquellos que "sobreviven" solamente y no "viven" plenamente su existencia? A aquellos que abandonan a sus seres queridos por que están "demasiado ocupados" o tienen "muchas obligaciones"?

"Hay caminos que al hombre le parecen derechos, pero al fin y al cabo su fin es el camino de la muerte".

DE REGRESO DE LA GUERRA

"Él encontrará la manera de vivir solo"

Un soldado que regresaba a casa tras haber peleado en la guerra de Vietnam, llamó a sus padres desde San Francisco:

Mamá, voy de regreso a casa, pero tengo que pedirles un favor: traigo un amigo que me gustaría que se quedara en casa, con nosotros.

Le respondieron:

— Por supuesto, nos encantaría conocerlo.

El hijo prosiguió:

— Lo hirieron en la guerra, perdió un brazo y una pierna. No tiene a dónde ir, y quiero que viva con nosotros.

— Siento mucho escuchar eso, hijo. Quizá podamos encontrar un lugar o una institución donde pueda quedarse y sea atendido debidamente.

— No, mamá, papá, quiero que él viva con nosotros, en casa.

— Hijo, tú no sabes lo que estás pidiendo. Alguien que está limitado físicamente puede ser un gran peso para nosotros. Tenemos nuestras propias vidas. Tú deberías volver a casa y olvidarte de ese muchacho. Él encontrará la manera de vivir solo.

En ese momento el hijo colgó el teléfono.

Los padres ya no volvieron a saber nada más de él. Días después recibieron otra llamada telefónica, de la policía de San Francisco; su hijo había muerto al caer de un edificio. La policía creía que se trataba de un suicidio.

Los padres, destrozados por la noticia, tomaron un avión rumbo a San Francisco. Ya allí, fueron llevados a identificar a su hijo. Lo reconocieron de inmediato, pero, horrorizados, descubrieron algo que desconocían: su hijo tan sólo tenía un brazo y una pierna.

HUBO UNA VEZ DOS MEJORES AMIGOS

Hubo una vez dos mejores amigos. Ellos eran inseparables, eran una sola alma. Por alguna razón sus caminos tomaron rumbos distintos y se separaron. No volví a saber de mi amigo hasta el día de ayer, después de diez años, al encontrarme con su madre por la calle. La saludé y le pregunté por mi amigo. En ese momento sus ojos se llenaron de lágrimas y me miró a los ojos diciendo: "Murió hace ya tiempo". No supe qué decir, ella me seguía mirando y pregunté cómo había muerto.

Ella me invitó a su casa, al llegar allí me ofreció sentarme en la sala vieja donde pasé gran parte de mi vida, siempre jugábamos ahí mi amigo y yo. Me senté y ella comenzó a contarme la triste historia.

– Hace dos años le diagnosticaron una rara enfermedad, y su cura era recibir cada mes una transfusión de sangre durante tres meses, pero ¿recuerdas que su sangre era muy rara? Igual que la tuya... Estuvimos buscando donadores y al fin encontramos a una persona compatible. Tu amigo, como te acordarás, era muy testarudo, y no quiso recibir la sangre de esta persona. Él decía que de la única persona que recibiría sangre sería de ti, pero no quiso que te buscáramos, él decía todas las noches: "No lo busquen, estoy seguro que mañana sí vendrá..."

Así pasaron los meses, y todas las noches se sentaba en esa misma silla donde estás tú sentado y rezaba para que te acordaras de él y vinieras a la mañana siguiente.

Así acabó su vida y en la última noche, estaba muy mal, y sonriendo me dijo: "Madre mía, yo sé que pronto mi amigo vendrá, dale un abrazo de mi parte y dale esa nota que está en mi cajón." La señora se levantó, regresó y me entregó la nota que decía:

"Amigo mío, sabía que vendrías, tardaste un poco pero no importa, lo importante es que viniste. Ahora te estoy esperando en otro sitio espero que tardes en llegar, pero mientras tanto quiero decirte que todas las noches rezaré por ti y desde el cielo te estaré cuidando, mi querido mejor amigo. ¡Ah, por cierto, ¿te acuerdas por qué nos distanciamos? Sí, fue porque no te quise prestar mi pelota nueva, ja ja, qué tiempos... éramos insoportables. Te quiero mucho: tu amigo por siempre."

No dejes que tu orgullo pueda más que tu corazón... La amistad es como el mar, se ve el principio pero no el final.

DIEZ MANDAMIENTOS
DE UN NIÑO A SUS PADRES

"Permite que me equivoque
para que pueda aprender de mis errores"

1. Mis manos son pequeñas; por favor, no esperes perfección cuando tiendo la cama, cuando dibujo o lanzo la pelota. Mis piernas son cortas, por favor, camina más lento, para que pueda ir junto a ti.

2. Mis ojos no han visto el mundo como tú lo has visto; por favor, déjame explorarlo, no me limites.

3. El trabajo siempre estará allí. Yo seré pequeño sólo por un breve período, por favor, tómate un tiempo para explicarme las cosas maravillosas de este mundo, y hazlo con alegría.

4. Mis sentimientos son frágiles; por favor, dedica tiempo a mis necesidades, no me retes todo el día (a ti no te gustaría ser retado por ser tan duro). Trátame como te gustaría ser tratado.

5. Soy un regalo especial de Dios; por favor, atesórame como Dios quiso que lo hicieras, respetando mis acciones, dándome principios y valores con los cuales vivir y crecer.

6. Necesito tu apoyo y tu entusiasmo, no tus críticas, para crecer; por favor, no seas tan estricto, recuerda que puedes criticar las cosas que hago sin criticarme a mí necesariamente.

7. Por favor, dame libertad para tomar decisiones propias; permite que me equivoque para que pueda aprender de mis errores; así, algún día estaré preparado para tomar las decisiones que la vida requiere de mí.

8. Por favor, no hagas todo por mí. De alguna forma, eso me hace sentir que mis esfuerzos no cumplieron con tus expectativas. Yo sé que es difícil, pero deja de compararme con mis hermanos.

9. No temas alejarte de mí por un tiempo, los niños necesitamos vacaciones de los padres, así como los padres necesitan vacaciones de sus hijos.

10. Llévame a la escuela y dame ejemplos de vida espiritual, yo disfruto aprendiendo.

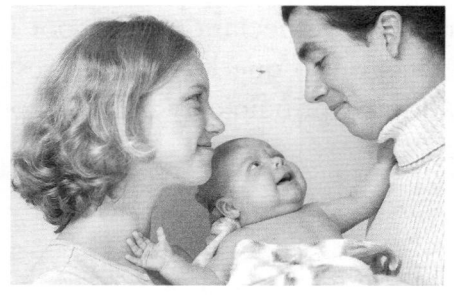

23 PREGUNTAS A LA MADRE TERESA DE CALCUTA

1. ¿Cuál es el día más bello? HOY.

2. ¿Cuál es la cosa más fácil? EQUIVOCARSE.

3. ¿Cuál es el obstáculo más grande? EL MIEDO.

4. ¿Cuál es el mayor error? ABANDONARSE.

5. ¿Cuál es la raíz de todos los males? EL EGOISMO.

6. ¿Cuál es la distracción más bella? EL TRABAJO.

7. ¿Cuál es la peor derrota? EL DESALIENTO.

8. ¿Quienes son los mejores profesores? LOS NIÑOS.

9. ¿Cuál es la primera necesidad? COMUNICARSE.

10. ¿Qué es lo que hace más feliz?
    SER ÚTIL A LOS DEMÁS.

11. ¿Cuál es el misterio más grande? LA MUERTE.

12. ¿Cuál es el peor defecto? EL MALHUMOR.

13. ¿Cuál es la persona más peligrosa?
    LA MENTIROSA.

14. ¿Cuál es el sentimiento más ruin? EL RENCOR.

15. ¿Cuál es el regalo más bello? EL PERDÓN.

16. ¿Qué es lo más imprescindible? EL HOGAR.

17. ¿Cuál es la ruta más rápida?
    EL CAMINO RECTO.

18. ¿Cuál es la sensación más grande?
    LA PAZ INTERIOR.

19. ¿Cuál es el resguardo más eficaz?
    EL OPTIMISMO.

20. ¿Cuál es la mayor satisfacción?
    EL DEBER CUMPLIDO.

21. ¿Cuál es la fuerza más potente del mundo? LA FE.

22. ¿Quiénes son las personas más necesarias?
    LOS PADRES.

23. ¿Cuál es la cosa más bella de todas? EL AMOR.

DECÁLOGO DE LA FAMILIA

La familia se construye con AMOR.
Si los hijos se sienten amados, despejan su mente,
se sienten tranquilos y se interesan
por complacer a sus padres.

SABIDURÍA, para educar a los hijos
en la responsabilidad y en la libertad.

PACIENCIA, para enseñarles sin someterlos.

CONFIANZA, para transmitirles buenos sentimientos
y conformar su personalidad.

FE, para alentarlos en las dificultades.

VALOR, para aceptar lo que ellos elijan.

DIÁLOGO, para compartir alegrías y tristezas.

EJEMPLO, porque los padres son modelos
que los hijos imitan.

ORACIÓN, dialogar con Dios da sentido a la vida,
aún en los fracasos.

PERSEVERANCIA, para cumplir día tras día
con la difícil misión de ser padres.

EL MIEDO: ALGO INNECESARIO

Nada causa tanto sufrimiento como el miedo a sufrir. Evita, entonces, el miedo innecesario.

Por miedo a sufrir soledad, sufres la tortura de una mala compañía. Por miedo a sufrir el final de una relación, sufres por años el infierno de una mala pareja.

Por miedo a sufrir las responsabilidades del adulto, sufres de por vida al actuar como un niño inválido. Por miedo a sufrir a causa de tus errores, sufres las consecuencias de no comprometerte nunca.

Por miedo a sufrir el rechazo de los otros, sufres en tu soledad y tu aislamiento sin salir nunca hacia el encuentro.

Por miedo a sufrir a que alguien no te quiera, te conviertes en posesivo y lo único que consigues es que todos te huyan y te quedes solo. Por miedo a sufrir una relación sexual no bien lograda, sufres por años la castración de una impotencia impuesta por ti mismo.

Por miedo a fracasar en tus proyectos, sufres el terrible fracaso de no emprender ninguno. Por miedo a que tu hijo dé un mal paso, lo conviertes en un inmaduro y un sobreprotegido, incapaz de dar un paso por su cuenta.

Hay un temor al sufrimiento que es sano, porque funciona como una señal de alarma que suena a tiempo para que evites el dolor innecesario. Pero hay un temor al sufrimiento que es enfermo, porque es como una a- larma que suena todo el tiempo, que te impide vivir y te causa sufrimientos que podrías evitar. Evita, enton- ces, el miedo innecesario.

Mucha gente no comprende que es imposible "ha- cer desaparecer" o "destruir" el miedo, la clave está, simplemente en "controlar" el miedo. ¿Y como puedes controlar el miedo?, hay muchas maneras, pero una de las mejores es "la ley de la probabilidad". Cuando un miedo te invada, piensa en la probabilidad de que di- cho miedo se materialice, y entonces haz todo lo que esté en tus manos para que las probabilidades estén a tu favor. Por ejemplo: si tienes miedo que te roben o te pase algo, evita los lugares y horas en que es más pro- bable que sucedan dichos crimenes. Si tienes miedo a que te pongan una infracción de tráfico; maneja con cuidado, sigue todas las reglas de seguridad y tránsito, no manejes sin licencia o en estado de ebriedad, etc. Si tienes miedo a volar en avión, simplemente reviza las estadísticas y verás que es más probable que te caiga un rayo o que te atropellen al atravesar la calle.

En fin, usa el sentido común, busca ayuda profesio- nal (un psicólogo, sacerdote o pastor que te pueda aconsejar) pero sobretodo, encomiéndate y ora mucho a Dios y deja en sus manos todo temor, preocupación y miedo que invada tu ser. Con su protección divina no hay nada que no puedas vencer.

EL ÁGUILA Y LA TORMENTA

*"El águila no escapa de la tormenta,
la usa para elevarse cada vez más alto"*

¿Sabías que un águila descubre cuando una tormenta se acerca, mucho tiempo antes de que la tormenta empiece?

Al darse cuenta de la próxima llegada de la tormenta, vuela a un sitio alto para esperar los vientos. Cuando la lluvia llega, acomoda sus alas para que el viento las arrastre y la lleve por encima de la tormenta. Mientras el agua está destrozando abajo, el águila vuela por encima de ella.

El águila no escapa de la tormenta, la usa para elevarse cada vez más alto. Se levanta por los vientos que trae la misma tormenta.

¿ CUÁNTO VALE UN BILLETE DE 100 DÓLARES ?

Alberto, con el rostro abatido de pesar se reune con su amiga Maritza en un bar a tomar un café. Deprimido descargó en ella sus angustias... que el trabajo, que el dinero, que la relación con su pareja, que su vocación... todo parecía estar mal en su vida. Maritza introdujo la mano en su cartera, sacó un billete de 100 dólares y le dijo:

– Alberto, ¿quieres este billete?

Alberto, un poco confundido al principio, inmediatamente le dijo:

– Claro Maritza... son 100 dólares, ¿quién no los querría?

Entonces Maritza tomó el billete en uno de sus puños y lo arrugó hasta hacerla un pequeño bollo. Mostrando la estrujada pelotita verde a Alberto volvió a preguntarle:

– Y ahora, ¿igual lo quieres?

– Maritza, no sé qué pretendes con esto, pero siguen siendo 100 dólares, claro que los tomaré si me los entregas.

Entonces Maritza desdobló el arrugado billete, lo tiró al piso y lo restregó con su pie en el suelo, levantándolo luego sucio y marcado.

– ¿Lo sigues queriendo?

– Mira Maritza, sigo sin entender que pretendes, pero ese es un billete de 100 dólares y mientras no lo destruyas por completo conserva su valor.

– Entonces Alberto, debes saber que aunque a veces algo no salga como quieres, aunque la vida te arrugue, maltrate o pisotee SIGUES siendo tan valioso como siempre lo hayas sido... lo que debes preguntarte es CUÁNTO VALES en realidad y no lo golpeado que puedas estar en un momento determinado.

Alberto quedó mirando a Maritza sin atinar con palabra alguna mientras el impacto del mensaje penetraba profundamente en su cerebro. Maritza puso el arrugado billete de su lado en la mesa y con una sonrisa cómplice agregó:

– Toma, guárdalo para que te recuerdes de esto cuando te sientas mal. Pero me debes un billete nuevo de 100 dólares para poder usar con el próximo amigo que lo necesite!

Le dio un beso en la mejilla a Alberto –quien aún no había pronunciado palabra– y levantándose de su silla se alejó con su atractivo andar con rumbo a la puerta.

Alberto volvió a mirar el billete, sonrió, lo guardó en su billetera y dotado de una renovada energía llamó al mesero para pagar la cuenta.

EL CÍRCULO

"El amor es paciente y muestra comprensión"

Un personaje importante le gritó al director de su empresa, porque en ese momento estaba molesto. El director, al llegar a su casa, le gritó a su esposa, acusándola de que gastaba demasiado, al ver un abundante y suculento almuerzo servido en la mesa.

Su esposa, a su vez, le gritó a la empleada doméstica por romper un plato. La empleada, por su parte, le dio un puntapié al perro porque la hizo tropezar. El perro salió corriendo y mordió a una señora que en ese momento pasaba por la acera, ya que estaba obstaculizando su salida.

Esa señora se dirigió al hospital a atenderse la mordida, y le gritó al joven médico porque sintió mucho dolor cuando le aplicó la vacuna antirrábica. El joven médico llegó a su casa y le gritó a su madre, porque la comida no era de su agrado.

Su madre, tolerante y amorosa, acarició sus cabellos diciéndole: "Hijo querido, prometo que mañana haré tu comida favorita. Tú trabajas mucho, estás cansado y necesitas una buena noche de sueño. Voy a cambiar las sábanas de tu cama por otras limpias y perfumadas, para que puedas descansar tranquilo esta noche. Mañana te sentirás mejor, hijo mío".

LA HISTORIA DEL CARPINTERO

"Si lo pudiésemos hacer de nuevo,
lo haríamos totalmente diferente"

Había una vez un viejo carpintero que, cansado ya de tanto trabajar, estaba listo para retirarse. Así se lo comunicó a su jefe, y aunque iba a extrañar su salario, necesitaba retirarse y estar con su familia; de alguna forma sobrevivirían.

Al contratista le entristeció mucho la noticia de que su mejor carpintero se retiraría y le pidió de favor que si le podía construir una casa más antes de retirarse. El carpintero aceptó la proposición del jefe y empezó la construcción de su última casa pero, a medida que pasaba el tiempo, se dió cuenta de que su corazón no estaba de lleno en el trabajo.

Arrepentido de haberle dicho que sí a su jefe, el carpintero no puso el esfuerzo y la dedicación que siempre ponía cuando construía una casa y la construyó con materiales de calidad inferior. Cuando el carpintero terminó su trabajo el contratista vino a inspeccionar la casa. Al terminar la inspección le dió la llave de la casa al carpintero y le dijo: "Esta es tu casa, mi regalo para tí y tu familia por tanto años de buen servicio, arduo trabajo y lealtad".

El carpintero sintió que el mundo se le iba... grande fue la vergüenza que sintió al recibir la llave de la casa, su casa. Si tan solo él hubiese sabido que estaba construyendo su propia casa, lo hubiese hecho todo de una manera diferente, con los mejores materiales y los más finos detalles.

Así también pasa con nosotros. A diario construímos relaciones en nuestras vidas, y en muchas ocasiones ponemos el menor esfuerzo posible para hacer que esa relación progrese. Entonces, con el tiempo es que nos damos cuenta de la necesidad que tenemos de esa relación. Si lo pudiésemos hacer de nuevo, lo haríamos totalmente diferente. Pero no podemos regresar.

¡Construye sabiamente!

EL DECÁLOGO DEL MATRIMONIO FELIZ

"Se necesitan dos para que haya pleito"

1. No estén los dos enfadados al mismo tiempo.

2. Nunca se griten el uno al otro, al menos que la casa esté en llamas.

3. Si uno de los dos quiere ganar una discusión, deje que sea el otro.

4. Si tienes que criticar, hazlo con amor.

5. Nunca recuerden errores del pasado ni dudas, y a pesar de todo confíen.

6. Estén siempre disponibles el uno para el otro. ¡El amor goza cuando sirve!

7. Nuca se vayan a dormir con un desacuerdo sin resolver.

8. Por lo menos, una vez al día trata de decir algo cariñoso o un cumplido agradable a tu pareja. ¡Con sinceridad!

9. Cuando hayas dicho algo equivocado, prepárate para admitirlo y para pedir perdón, sencillamente.

10. Se necesitan dos para que haya pleito, y el que está equivocado es el que más discute.

CARGA LIGERA

Una vez, saliendo a la puerta de mi casa, se me acercó una niña pobre. Habrá tenido siete ú ocho años, la carita flaca, el pelo sucio, la ropa apenas la abrigaba. Pero lo que más me impactó fue lo que traía en sus espaldas: colgado de sus hombros a otro niño, que habrá sido a-penas un par de años más chica que él.

La niña apoyó, con mucho cuidado, a su "pequeña carga" en el borde de un escalón y levantando apenas la cabeza, me miró y dijo.

– Señor, ¿me podría dar unas monedas? Si quiere le limpio su carro.

Yo la miré con cara de asombro por el peso que lle-vaba, entonces le dí unas monedas, le dije que no te-nía carro, que se podía ir y le pregunté señalando sus hombros: ¿No pesa esa carga?

Ella, sin vacilar, me miró a los ojos y me respondió:

– No pesa nada. Es mi hermano –. Y sin dudar, lo volvió a levantar sobre sus hombros, me dio las gracias y se fué.

EL DESTINO DE UNA MONEDA

"Si sale cara, venceremos"

El gran general japonés Nobunaga, decidió atacar al enemigo no obstante que tan sólo contaba con un soldado por cada diez contrincantes. Estaba seguro de que vencerían, aunque sus soldados tenían muchas dudas. Habiendo marchado hacia el lugar del combate, se detuvieron en un santuario. Después de orar, Nobunaga salió y les dijo a sus tropas:

Voy a lanzar una moneda al aire. Si sale cara, venceremos; si sale cruz, seremos derrotados. El destino nos revelará su rostro.

Lanzó la moneda, y salió cara. Los soldados se entusiasmaron tanto por luchar, que, a pesar de las dificultades, alcanzaron la victoria.

Al día siguiente, un ayudante le comentó a Nobunaga: "Nadie puede cambiar el rostro del destino".

Exacto, contestó Nobunaga, mientras le mostraba una moneda falsa que tenía cara por ambos lados.

¿El poder de la oración? ¿El poder del destino? O ¿El poder de una fe convencida de que algo va a ocurrir? Tal vez todo a la vez, pero no sin la credibilidad en uno mismo.

APRECIA CADA MOMENTO

Un amigo mío abrió el cajón de ropa interior de su esposa y sacó un paquete envuelto en papel de seda: "Esto –dijo– no es un paquete ordinario." Le quitó la envoltura a la caja y se quedó mirando el papel de seda y la caja. "Ella compró esto la primera vez que fuimos a Nueva York, hace ocho ó nueve años. ¡Nunca se lo puso! Lo estaba guardando para una ocasión especial. Bueno, yo creo que esta es la ocasión".

Se acercó a la cama y puso la caja junto a la demás ropa que iba a llevar a la casa funeraria. Su esposa acababa de morir. Me miró y me dijo: "Querido amigo nunca guardes nada para una ocasión especial. Cada día de tu vida es una ocasión especial".

Esas palabras cambiaron mi vida. Ahora leo más y limpio menos. Paso más tiempo con mi familia y menos en el trabajo.

Entendí que la vida debe ser una fuente de experiencia que debe vivirse y no sobrevivirse. Ya no guardo nada. Uso mis vasos de cristal todos los días. Me pongo mi ropa nueva para ir al supermercado. Ya no guardo mi perfume caro para ocasiones especiales, me lo pongo cuando quiero.

Las palabras "Algun día" y "Uno de estos días" están desapareciendo de mi vocabulario.

Si vale la pena ver, escuchar o hacer, yo quiero verlo, escucharlo y hacerlo ahora. Yo no se que hubiera hecho la esposa de mi amigo si hubiera sabido que no iba a estar ahí a la mañana siguiente, esto nunca nadie lo sabrá. Me imagino que hubiera llamado a sus familiares y amigos más cercanos. A lo mejor hubiera llamado a viejas amistades y hubiera resuelto peleas pasadas. Pienso que a lo mejor hubiera salido a comer comida china, su favorita.

Son estas pequeñas cosas, que me arrepentiría de no haber hecho, si supiera que mi hora iba a llegar.

Me arrepentiría porque no volvería a ver a mis amigos, o no escribiría las cartas y cartas que quisiera escribir "Uno de estos días". Me arrepentiría y me sentiría triste porque no les dije a mis hermanos e hijos, suficientes veces lo mucho que los quiero.

Ahora, trato de no posponer, aplazar o evitar cosas que traigan risas y felicidad a mi vida. Y cada mañana, me digo a mi mismo que será un día especial. Cada día, cada hora, cada minuto es especial. ¡Vive cada día como si fuera el último!

EL DIAMANTE

El sannayasi había llagado a las afueras de la aldea y a-
campó bajo un árbol, dispuesto a pasar la noche. De
pronto, llegó corriendo hasta él un habitante de la aldea para decirle:

— ¡La piedra! ¡La piedra! ¡Dame la piedra preciosa!

— ¿Cuál piedra? —, le preguntó el sannayasi.

— La otra noche se me apareció el señor Shiva —
contó el hombre,— y me aseguró que si venía al ano-
checer a las afueras de la aldea, encontraría a su sannayasi, quien me daría una piedra preciosa que me haría
rico para siempre. El sannayasi buscó una y otra vez en
su bolsa, y al fin extrajo una piedra. — Probablemente
se refería a ésta —le dijo, al tiempo que le entregaba la
piedra al aldeano—. La encontré en un sendero del bosque hace algunos días. Por supuesto que puedes que-
darte con ella.

El hombre observó la piedra con asombro. ¡Era un
diamante! Tal vez el diamante más grande del mundo,
pues era tan grande como la mano del hombre. Tomó
el diamante, y se marchó. Pasó la noche sin dormir,
dando vueltas en la cama. Al día siguiente, al amane-
cer, fue a despertar al sannayasi para decirle:

— ¡Dame por favor la riqueza que te permite des-
prenderte con tanta facilidad de este diamante!

UN ÁNGEL ESCRIBIÓ

Mucha gente entra y sale de tu vida, pero sólo los
verdaderos amigos dejaran huella en tu corazón.
Para controlarte usa tu cabeza,
para controlar a otros usa tu corazón.

Las mentes grandes discuten ideas,
las mentes medianas discuten eventos
y las mentes pequeñas discuten gente.

Dios le da a todas las aves su alimento,
pero no se los deposita en su nido.

Aquel que pierde dinero, pierde mucho;
aquel que pierde un amigo, pierde más;
aquel que pierde la fe, pierde todo.

La hermosa gente joven es un hecho de la naturaleza,
la hermosa gente vieja es un obra de arte.

Aprende de los errores de otros, no podrás vivir
demasiado antes de cometer los errores tú mismo.

La lengua pesa prácticamente nada,
pero muy pocas personas pueden detenerla.

EL GRAN REGALO

"Dará cosas buenas a los que se las pidan"

Un joven, próximo a graduarse, contemplaba todos los días un hermoso automóvil deportivo al pasar por una agencia automotriz. Sabiendo que su padre podía comprárselo, le dijo que ese auto era lo que más anhelaba tener.

Algunos días después, el padre llamó al muchacho a su despacho para decirle lo orgulloso que se sentía de tener un hijo tan bueno y brillante y, especialmente, para manifestarle lo mucho que lo amaba.

El día de la graduación, el padre del joven sostenía en sus manos una linda caja; era un regalo para su hijo.

Con curiosidad, y un poco de decepción, el joven la tomó, la abrió y encontró una hermosa Biblia cubierta de piel, con su nombre grabado en letras de oro. Furioso y gritando, el joven se dirigió a su padre:

– ¡Con tanto dinero que tienes y lo único que se te ocurre regalarme es esta Biblia!

Colérico, tiró la Biblia, salió de su casa y no regresó más.

Así pasaron los años y el joven recordaba con rencor ese momento, hasta que un día, se enteró de que su padre, ya anciano, estaba muy enfermo, y pensó en visitarlo. No lo había vuelto a ver desde aquel día de la graduación. Antes de iniciar el viaje, recibió un telegrama donde se le informaba que su padre había muerto, heredándole todas sus posesiones. Su corazón se llenó de tristeza y arrepentimiento, por haberlo abandonado.

Ya en la casa de su padre, al darse a la tarea de revisar todos los documentos importantes que su padre tenía, encontró la Biblia que su padre había querido obsequiarle aquella última vez. Llorando, la abrió y comenzó a hojearla. Su padre, cuidadosamente había subrayado un versículo en el Evangelio de San Mateo, que decía:

"Pues si ustedes, que son malos, saben dar cosas buenas a sus hijos. ¡Con cuánta mayor razón el Padre de ustedes, que está en el cielo, dará cosas buenas a los que se las pidan!" (Mt 7, 11)

Mientras leía ese texto, las llaves de un automóvil cayeron de entre el forro de piel de la Biblia, donde encontró además una tarjeta de la agencia automotriz; en esa tarjeta podía leerse la fecha de su graduación, y las siguientes palabras: "Totalmente pagado, y con todo el amor, para mi hijo amado".

LA FLOR NO NACE

La flor no nace para ser hermosa...
Nace para ser flor.

Su belleza requiere que quien la mire tenga la
capacidad para descubrirla. Pueden pasar a su lado
cientos... miles... algunos ni siquiera se percatarán de
su existencia. Otros no encontrarán en ella nada
singular que la haga resaltar del paisaje que la contiene.

Habrá quienes pensarán solo es una flor más.

Aún tal vez aparezcan los que le dedicarán un par de
miradas atraídos por sus colores y seguirán su camino.

Pero en algún momento aparecerá quien no la
considere una flor más, y tenga todo el tiempo
necesario para deleitarse observándola en cada
milímetro, descubra nuevas sensaciones al acariciar
suavemente sus pétalos, y no siga de largo, sino que
decida que es una flor demasiado hermosa
para no conservarla.

Así con profundo cuidado y amor, cavará en torno de su raíz y poniendo todo su cariño y atención la llevará a su propio jardín donde a cada momento pueda tenerla cerca para quererla, apreciarla, dejarse cautivar por ella... para amarla.

Y no le pedirá que cambie su color, su forma, su aroma.

Ella nació flor. Ella nació así.

Así también tu vida puede ser como esa flor.

Tal vez pasen cientos o miles a tu lado sin percatarse de tus valores, de tus sentimientos, de tu propia existencia. Hasta que alguien con la capacidad interior necesaria te descubrirá en medio del mundo. Posará en ti sus ojos y te hará parte de su mundo sin que para ello debas cambiar o mostrarte en forma distinta.

Alégrate de haber nacido como eres
y espera la llegada de ese gran día.

EL HOMBRE DEL CRUCE DE CAMINOS

"Sólo triunfan aquellos que creen poder hacerlo"

Un hombre vivía muy cerca de un importante cruce de caminos, donde todos los días llegaba a primera hora de la mañana, para instalar un puesto rodante, en el cual vendía bocadillos que él mismo horneaba.

Era sordo y no veía bien, por lo que no podía escuchar la radio ni leer los periódicos.

Alquiló un terreno, donde instaló un gran letrero promocional y personalmente pregonaba su mercancía gritando:

¡Compre deliciosos bocadillos calientes!, y la gente acudía y compraba cada día más.

Incrementó la compra de insumos, alquiló un terreno más grande y mejor ubicado y sus ventas crecían día tras día.

La fama de sus bocadillos subía como la espuma y su trabajo era tanto que decidió buscar a su hijo, un hombre de negocios de la gran cuidad, para que lo ayudara.

A la carta del padre, su hijo respondió: "¡Pero, papá! ¿No escuchas la radio, no lees los periódicos ni ves televisión? ¡Este país está atravesando una gran crisis, la situación es mala... No podría ser peor!"

El padre pensó entonces: "Mi hijo trabaja en una gran cuidad, lee los periódicos, ve televisión y escucha la radio, tiene contactos importantes, debe saber de qué habla...".

Así que revisó sus costos, y decidió comprar menos pan, disminuir la compra de cada uno de los ingredientes y dejó de promocionar su producto. Por lo que su fama y sus ventas disminuyeron día con día.

Tiempo después desmontó el letrero y devolvió el terreno. Aquella mañana le escribió a su hijo: "Tenías razón, verdaderamente estamos atravesando una gran crisis".

SIEMPRE CONTIGO

Si sientes que no puedes lograr algo...

Piensa en el ave que paja a paja hace su nido;

En el sol que alumbra hasta llegar a su destino;

En la planta que lucha por florecer a tiempo pedido;

En la hormiga que carga un pedazo de trigo;

En la roca que es perforada por el constante rocío;

En un niño pequeño que a hablar ha aprendido,

En las viejas cicatrices del alma
que con el tiempo han desaparecido.

Y en Dios que en su inmenso amor,
siempre estará contigo.

ESTRELLAS DEL CIELO

Existían millones de estrellas en el cielo. Estrellas de todos los colores: blancas, plateadas, verdes, doradas, rojas y azules.

Un día inquietas, se acercaron a Dios y le dijeron:

– Señor Dios, nos gustaría vivir en la tierra entre los hombres, en sus casas y conocer más de sus vidas.

– Así será hecho –respondió el Señor.

– Las conservaré a todas ustedes pequeñitas, como son vistas, para que puedan bajar para la tierra.

Así, aquella noche, hubo una linda lluvia de estrellas. Algunas se acurrucaron en las torres de las iglesias, otras fueron a jugar y anclaron con los juguetes de los niños y la tierra quedó maravillosamente iluminada. Pero tiempo después, las estrellas resolvieron abandonar a los hombres.

– ¿Por qué volvieron? –preguntó Dios, a medida que ellas iban llegando al cielo.

– Señor, no nos fue posible permanecer en la tierra. Allá existe mucha miseria y violencia, mucha maldad, mucha injusticia.

Y el Señor les dijo:

– ¡Claro! El lugar de ustedes es aquí en el cielo. La tierra es el lugar de lo transitorio, de aquello que pasa, de aquel que cae, de aquel que yerra, de aquel que muere, nada es perfecto. El cielo es el lugar de la perfección, de lo inmutable, de lo eterno, donde nada perece.

Después que llegaron todas las estrellas y verificando su número, Dios habló de nuevo:

– Nos está faltando una estrella. ¿Será que se perdió en el camino? –Un ángel que estaba cerca replicó:

– No Señor, una estrella resolvió quedarse entre los hombres. Ella descubrió que su lugar es exactamente donde existe la imperfección, donde hay límite, donde las cosas no van bien, donde hay lucha y dolor.

– ¿Mas qué estrella es esa? –volvió Dios a preguntarle al ángel.

– Es la esperanza Señor. La estrella verde. La única estrella de ese color. Y cuando miraron para la tierra, la estrella no estaba sola. La tierra estaba nuevamente iluminada porque había una estrella verde en el corazón de cada persona. Porque el único sentimiento que el hombre tiene y Dios no necesita tener es la esperanza.

Dios ya conoce el futuro y la esperanza es propia de la persona humana, propia de aquel que yerra, de aquel que no es perfecto, de aquel que no sabe cómo será el futuro.

Recibe amigo en este momento esta estrellita en tu corazón:

¡La Esperanza!

EL MERCADER Y LA BOLSA

"Considero que ambos son personas honradas"

Cierto día, un mercader ambulante iba de camino a un pueblo cuando encontró una bolsa que contenía 800 dólares, y decidió buscar a la persona que había perdido ese dinero a fin de entregárselo, quizá el dueño llevaba esa misma ruta.

Al llegar a la ciudad decidió visitar a un amigo.

– ¿Sabes quién ha perdido una bolsa con dinero de camino hacia acá?

– Sí, lo perdió Juan, el vecino de la casa de enfrente; precisamente, recién me enteré que se le extravió una bolsa con dinero y no la ha podido recuperar.

El mercader se dirigió entonces a la casa indicada e hizo entrega de la bolsa.

Juan era una persona avara, y apenas terminó de contar el dinero vociferó:

– ¡Faltan 100 dólares! Esa era la cantidad de dinero que iba a dar como recompensa. ¿Cómo lo has tomado sin mi permiso? Vete de una vez. Ya no tienes nada que hacer aquí.

El honrado mercader se sintió indignado por la falta de agradecimiento y por aquella injusta acusación. No quiso pasar por ladrón, por lo que fue a ver al juez.

El avaro fue llamado a la corte; en la audiencia insistió ante el juez que la bolsa que había perdido contenía 900 dólares, en tanto que el mercader aseguró que había sólo 800. El juez, que tenía fama de sabio y honrado, no tardó en decidir el caso. Le preguntó al avaro.

– Tú dices que la bolsa tenía 900 dólares, ¿verdad?

– Sí, señor, y este hombre me la entrega con solamente 800 –respondió Juan.

– Y ¿tú dices que la bolsa tenía 800? –le preguntó al mercader.

– Sí, señor.

– Pues, bien –dijo el juez– considero que ambos son personas honradas e incapaces de mentir. A ti, porque has devuelto la bolsa con el dinero, pudiéndote quedar con ella sin decir nada. A Juan, porque lo conozco desde hace tiempo. Esta bolsa de dinero no es la de Juan; aquélla contenía 900 dólares, y ésta sólo tiene 800. Así, pues, quédate tú con ella, y si aparece el dueño se la entregas. Y tú, Juan, espera a que alguien te devuelva la tuya.

UN MOMENTO MÁS DE VIDA

Cuando llegue la muerte a quitarme la luz de vida...

Quiero que se demore unos segundos para recordar lo que dejé de hacer por regalarle mucho tiempo a lo que no valía la pena. Recordaría los segundos de dolor de mi madre para darme la vida terrenal. Volvería a ser el nene inocente, que llora por lo que desea... ¡La muerte me haría llorar por dejar lo que deseo con toda mi alma!

Cuando llegue la muerte a quitarme la luz de vida...

Gritaría cuanto amo a las personas que me conocieron, gritaría cuánto lo siento por mis infinitos errores, gritaría que no me borren de sus mentes, porque si lo hacen me estarían matando con el gatillo del olvido ¡Gritaría hasta morir, para que no dejar nada en el limbo del olvido! Cerraría los ojos unos segundos para darle gracias al Padre Divino por dejarme conocer este mundo lindo, aunque muchas veces difícil... ¡Además fue mi hogar durante tanto tiempo!

Cuando llegue la muerte a quitarme la luz de vida...

Recordaría los momentos malos y buenos vividos en este mundo. Los repasaría una y otra vez como una de las tantas películas que repito por gusto. ¡No dejaría espacios en blancos en mi mente! Usaría los binóculares de la realidad para saber qué tan grande fue la huella dejada por mis pasos sobre la Tierra o si por lo contrario, tan solo fuí un fantasma más de una sociedad malhumorada por sus espíritus carnales... ¡Correría a regalar todo lo que tengo en mi loca alma!

Cuando llegue la muerte a quitarme la luz de vida...

Observaría con detalle todo a mi alrededor, amaría la roca que piso, abrazaría al muro que no me deja ver más allá de la realidad. Saborearía los infinitos aromas que hay en el aire y que nunca les ponemos cuidado... Buscaría a mis enemigos para pedirles perdón, porque no deseo morir con el corazón lleno de rencor. Los invitaría a mirar a través del amor y bondad de la vida... ¡Firmaría con una sonrisa un tratado de paz con el mundo entero!

Pero pensándolo con sangre fría... lo mejor es pedir morir de una vez, porque no estoy preparado para enfrentarla, además es prolongar la agonía de un paso natural de la vida. Lo que no se hizo en toda la vida, no se va a llevar acabo en un segundo. En la última fracción de vida de lo que pudo o no intentó realizar.

¡Mientras tengan vida, no actuen como si estu-vieran muertos!... ¡No esperen estar muertos para desear estar vivos!

EL MONJE Y LA MUJER

"Eres tú quien la lleva cargando aún"

De camino hacia su monasterio, dos monjes encontraron una bellísima mujer a la orilla de un río. Al igual que ellos, ella pretendía cruzarlo, pero el río estaba demasiado crecido. Así, uno de los monjes la subió a su espalda para pasarla a la otra orilla.

El otro monje, al ver esto, se escandalizó, y durante todo el camino estuvo censurando su atrevimiento. ¿Acaso había olvidado que era un monje? ¿Cómo se atrevió a tocar a una mujer y llevarla al otro lado del río? ¿Qué diría la gente si lo supiera? ¿No había desacreditado la santa religión?

El acusado escuchó pacientemente el interminable sermón. Y, finalmente, le contestó:

"Hermano, yo he dejado a aquella mujer al pasar el río. Eres tú quien la lleva cargando aún".

LO VALIOSO QUE ERES TÚ

Que nadie haya sido tan afortunado de darse cuenta la mina de oro que tú eres, no significa que brilles menos.

Que nadie haya sido lo suficientemente inteligente para darse cuenta que mereces estar en la cima, no te detiene para lograrlo. Que nadie se haya presentado aún para compartir tu vida, no significa que ese día está lejos.

Que nadie haya notado los avances en tu vida, no te da permiso para detenerte. Que nadie se haya dado cuenta la hermosa persona que tú eres, no significa que no seas apreciado.

Que nadie haya venido a alejar la soledad con su amor, no significa que debas conformarte con lo que sea. Que nadie te haya amado con esa clase de amor que has soñado, no significa que tengas que conformarte con menos.

Que aún no hayas recogido las mejores cosas de la vida, no significa que la vida sea injusta. Que Dios está pensando en una hermosa pareja para ti, no significa que tú no seas ya ideal.

Sólo porque tu situación no parece estar progresando por ahora, no significa que siempre será así. Por eso: sigue brillando, sigue viviendo, sigue corriendo, sigue esperando, sigue siendo lo que ya eres...

Una creación divina de Dios.

EL NIÑO Y EL VENADO

"Esperando a quien tenía un gran corazón"

Era uno de los días más calientes del tiempo seco de verano. No habíamos visto la lluvia en casi un mes. Las cosechas se estaban muriendo. Las vacas ya no daban leche. Los ríos estaban secos.

Esa temporada seca iba a llevar a los granjeros a la bancarrota antes de que terminara.

Todos los días, mi esposo y sus hermanos realizaban la difícil tarea de buscar agua y llevarla a los campos. Las raciones disminuían cada día más, y era obvio que si no llovía pronto, lo perderíamos todo. Fue precisamente ese día cuando aprendí una verdadera lección de compartir, de ser parte del gran milagro que pude ver con mis propios ojos.

Me hallaba en la cocina, haciendo el almuerzo, cuando me llamó la atención ver a Javi, mi hijo de seis años, de camino hacia el bosque. No lo hacía como lo haría normalmente un niño de su edad, pues se le veía preocupado y cuidadoso al andar. Desde donde estaba, sólo podía ver su espalda. Obviamente, marchaba con mucho esfuerzo, tratando de estar lo más quieto posible para no ser visto ni oído por mí. Desaparecía en el bosque y volvía a salir corriendo hacia la casa; esta acción se repitió varias veces.

Finalmente, no pude aguantarme más y lo seguí. Pude ver que llevaba sus manos juntas, cuidando que el agua que tenía en ellas no se escurriera. Me acerqué un poco más para verlo de cerca. Ramas y troncos golpeaban su carita, sin que él tratara de esquivarlas, pues tenía algo mucho más grande que hacer.

Al inclinarme para verlo, presencié un cuadro extraordinario: algunos venados estaban frente al niño. Casi grité del susto, al ver que un venado (macho) de enorme cornamenta se le aproximó, mientras que el pequeño se arrodillaba junto a un venadito que yacía en el pasto, deshidratado y a punto de morir; ese pequeño venadito apenas pudo levantar la cabeza para lamer el agua de las pequeñas manos de mi hijo.

Enseguida, Javi corrió a la casa nuevamente, me escondí detrás de un árbol. Luego, lo seguí para ver qué hacía. Con mucho esfuerzo pudo abrir una llave de agua que tiempo atrás habíamos cerrado, de la cual sólo caían gotas. Esperó a que gota por gota se llenaran sus pequeñas manos...

Muchas cosas entonces se aclararon en mi mente. La semana anterior él había sido castigado por jugar con agua.

Javi había aprendido la lección de no malgastar el agua, y esa era la razón por la que no me pidió ayuda. Le tomó varios minutos llenar sus manos de nuevo. Se levantó y, al verme, parada frente a él, no pudo evitar sorprenderse, sus ojos se llenaron de lágrimas y me dijo:

– No estoy desperdiciando el agua esta vez, mami.

Cuando empezó a caminar, lo acompañé llevando una olla de agua de la cocina. Pero dejé que él solo fuera hacia los venados, yo, entre tanto, me quedé detrás de un árbol, esperando a quien tenía un gran corazón y estaba trabajando para salvar vidas.

Gotas de llanto empezaron a caer por mis mejillas, las cuales de pronto fueron acompañadas por más, más, y más gotas... Vi hacia el cielo... ¡Ooooh..., qué maravilla... La lluvia que por tanto tiempo había estado ausente, regresó en ese momento!

Era como si Dios mismo estuviera llorando de orgullo, ¿y por qué no?, uniendo esfuerzos en la obra del niño.

Quizás alguien puede decir que esto fue una coincidencia, que los milagros no existen, no trato de convencer a nadie de lo contrario... Lo único que puedo decir es que ese día llovió tanto que pudimos salvar nuestra granja... Así como las acciones de un pequeño niño salvaron vidas.

A PESAR DE TODO

SONRÍO...
Aunque la vida me golpee;
Aunque no todos los amaneceres sean hermosos;
Aunque se me cierren las puertas. Sonrío...

SUEÑO...
Porque soñar no cuesta nada y alivia mi pensamiento;
Porque quizás mi sueño pueda cumplirse;
Porque soñar me hace feliz. Sueño...

LLORO...
Porque llorar purifica mi alma y alivia mi corazón;
Porque mi angustia decrece, aunque sólo sea un poco;
Porque cada lágrima es un propósito
de mejorar mi existencia. Lloro...

AMO...
Porque amar es vivir, porque si amo, quizás reciba
amor; Porque prefiero amar y sufrir,
que sufrir por no haber amado nunca. Amo...

COMPARTO...
Porque al compartir crezco;
Porque mis penas, compartidas, disminuyen,
y mis alegrías se duplican. Comparto...

¡Sonrío, sueño, lloro, amo, comparto, vivo!
Y por esto cada día doy gracias a Dios
que me da un día más...

EL PEQUEÑO BOMBERO

"Jefe: ¿soy verdaderamente un bombero, ahora?"

La madre se sentía impotente al ver que su hijo, de seis años de edad, moría de leucemia.

Aunque su corazón estaba agobiado por la tristeza y el dolor, también tenía un fuerte sentido de determinación. Como cualquier madre, deseaba que su hijo creciera y realizara todos sus sueños. Pero, ahora, eso no sería posible, pues la leucemia estaba en su fase terminal. Aún así, ella deseaba que en sus ojos brillara una luz de esperanza. Le tomó la mano y le preguntó:

– Esteban, ¿alguna vez has pensado en lo que desearías ser de grande?

– Mami, yo quiero ser bombero, sueño con eso y despierto contento, –le contestó el niño. La madre sonrió, y dijo: ¡Lo serás, hijito, lo serás...!

Ese mismo día, ella visitó la estación de bomberos y conoció a Rafael, el jefe de Brigada, un hombre con un gran corazón, a quien le explicó sobre el estado de salud y el deseo de su hijo, y le preguntó si era posible darle un paseo alrededor de la cuadra en un camión de bombero. Rafael respondió:

– Mire, podemos hacer algo mejor que eso. Tenga a su hijo listo mañana a las nueve en punto y lo haremos un "Bombero Honorario" durante todo el día. Así, él podrá venir aquí a la estación, comer y salir con nosotros cuando recibamos llamadas de incendios. Y si usted nos da sus medidas, le conseguiremos un uniforme de bombero, con su sombrero original, que lleve el emblema de la Estación de Bomberos de la ciudad, no uno de juguete, sino el emblema que nosotros llevamos, y sus botas de hule.

Al día siguiente, el bombero recogió a Esteban, le puso su uniforme y lo condujo desde la cama del hospital hasta el camión de bomberos. El niño estaba emocionado, se sentía feliz. Hubo tres llamadas de auxilio ese día, y el niño acompañó a los bomberos en las tres, en el microbús paramédico y en el carro del jefe de bomberos; le tomaron video para las noticias locales de televisión. Habiendo hecho realidad su sueño, y con todo el amor y la atención que le brindaron, fue fortalecido notablemente en su salud, por lo que logró vivir más tiempo del pronosticado por los médicos, que en realidad ya era muy poco.

Una noche, todos sus signos vitales comenzaron a decaer dramáticamente, por lo que el jefe de Enfermería llamó a la mamá del pequeño y demás familiares para que lo acompañaran. Luego, recordó el día en que Esteban había pasado como si fuera un bombero, así que llamó al jefe de la estación y le preguntó si era posible que enviara a un "bombero" uniformado al hospital, para que estuviera con el niño en sus últimos momentos.

El jefe le dijo: "Haremos algo mejor. Estaremos allí en cinco minutos, pero le agradecería que al escuchar las sirenas y vea las luces centellando, anuncie por los altavoces que no hay ningún incendio, sino que es el Departamento de Bomberos que va a visitar a uno de sus más distinguidos miembros. Y por favor, abra la ventana del cuarto de Esteban".

Cinco minutos después, un gancho y la escalera del carro bombero llegaron al hospital; y se extendieron al tercer piso donde estaba la ventana abierta del cuarto de Esteban. Ocho bomberos subieron por ésta y entraron al cuarto. Uno a uno lo fueron abrazando, expresando el gusto que les dio conocerlo, trabajar con él, y el gran cariño que le tenían.

Con su aliento agonizante, miró al jefe de los Bomberos y le dijo: Jefe ¿soy verdaderamente un bombero, ahora?

El jefe le respondió: Sí, Esteban, ¡lo eres!

Con esas palabras, el niño sonrió y cerró sus ojos por última vez.

AUXILIO EN LA LLUVIA

Una noche, a las 11:30 p.m., una mujer de edad avanzada estaba parada en el acotamiento de una autopista, tratando de soportar una fuerte tormenta.

Su coche se había descompuesto y ella necesitaba desesperadamente que la llevaran. Toda mojada, ella decidió detener el próximo coche. Un joven se detuvo a ayudarla, a pesar de la fuerte lluvia.

El joven la llevo a un lugar seguro, la ayudo a obtener asistencia y la puso en un taxi. Ella parecía estar bastante apurada. Ella anotó la dirección del joven, le agradeció y se fué. Siete días pasaron, cuando tocaron la puerta de su casa. Para su sorpresa, un televisor pantalla gigante a color le fue entregado hasta su casa.

Tenía una nota especial adjunta al paquete. Esta decía: "Muchísimas gracias por ayudarme en la autopista la otra noche. La lluvia anegó no sólo mi ropa sino mi espíritu. Entonces apareció usted. Gracias a usted, pude llegar al lado de la cama de mi marido agonizante, justo antes de que muriera. Dios lo bendiga por ayudarme y por servir a otros desinteresadamente.

Sinceramente: La Señora Fernández..."

EL PLEBEYO

"Ella no merecía mi amor"

Cuentan que una bella princesa estaba buscando esposo. Aristócratas, príncipes y ricos comerciantes habían llegado de todas partes para ofrecer maravillosos regalos: joyas, tierras, ejércitos y tronos. A fin de conquistar a tan especial doncella.

Entre los candidatos se encontraba un joven plebeyo que no tenía más riquezas que amor y perseverancia. Cuando le llegó el momento de hablar, dijo:

"Princesa, te he amado toda mi vida. Como soy un hombre pobre y no tengo tesoros para darte, te ofrezco mi sacrificio como prueba de mi amor. Estaré cien días sentado bajo tu ventana, sin más alimentos que la lluvia y sin más ropa que las que llevo puestas como prueba de mi amor... Ese es mi ofrecimiento para ti".

La princesa, emocionada y conmovida por semejante gesto de amor, decidió aceptar: "Tendrás tu oportunidad, y si pasas la prueba me desposarás".

Así pasaron las horas y los días. El pretendiente se mantuvo sentado, soportando los vientos, la nieve y las noches heladas. Con la mirada fija en el balcón de su amada, el valiente vasallo siguió firme sin desfallecer un momento.

De vez en cuando, la cortina de la ventana real dejaba traslucir la esbelta figura de la princesa, quien con una hermosa sonrisa, aprobaba la faena.

Todo iba a las mil maravillas. Incluso, algunos optimistas habían empezado a planear los festejos. Al llegar el día noventa y nueve, los pobladores de la zona habían salido a animar al próximo monarca. Todo era alegría y regocijo, hasta que, de pronto, cuando faltaba solo una hora para que se cumpliera el plazo, ante la mirada atónita de los asistentes y la perplejidad de la princesa, el joven se levantó y sin dar explicación alguna, se alejó lentamente del lugar.

Días después, mientras deambulaba por un solitario camino, un vendedor de pieles que conocía la historia del joven, lo alcanzó y le preguntó:

¿Por qué perdiste esa oportunidad? ¿Por qué te retiraste cuando faltaba tan poco tiempo?

Con profunda consternación y algunas lágrimas mal disimuladas, contestó en voz baja:

"No me ahorró ni un día de sufrimiento... Ni siquiera una hora, ella no merecía mi amor".

¡ NO TE METAS EN MI VIDA ¡

Hoy que estoy profundizando mis estudios en psicología familiar; sus valores, sus principios, sus riquezas, sus conflictos. Recordaba una ocasión en que escuché a un joven gritarle a su padre: **¡No te metas en mi vida!**

Esta frase caló hondamente en mí, tanto, que frecuentemente la recuerdo y comento en mis conferencias con padres e hijos. ¿Qué respondería a esa pregunta inquisitiva de mi hijo?... Esta sería mi respuesta: ¡Hijo un momento, **no soy yo el que me meto en tu vida, tú te has metido en la mía!**

Hace muchos años, gracias a Dios, y por el amor que tu mamá y yo nos tenemos, llegaste a nuestras vidas, ocupaste todo nuestro tiempo, aún antes de nacer, mamá se sentía mal. No podía comer, todo lo que comía lo devolvía, y tenía que guardar reposo. Yo tuve que repartirme entre las tareas de mi trabajo y las de la casa para ayudarla. Los últimos meses, antes de que llegaras a casa, mamá no dormía y no me dejaba dormir. Los gastos aumentaron increíblemente, tanto que gran parte de lo nuestro se gastaba en ti. En un buen médico que atendiera a mamá y la ayudara a llevar un embarazo saludable, en medicamentos, en la maternidad, en comprarte todo un guardarropa, mamá no veía algo de bebé, que no lo quisiera para ti, una cuna, un juguete nuevo, todo lo que se pudiera, con tal de que tú estuvieras y tuvieras lo mejor posible. **¿No te metas en mi vida?**...

 Llegó el día en que naciste, hay que comprar algo para darles de recuerdo a los que te vinieran a conocer, (dijo tu mami), hay que adaptar un cuarto para el bebé. Desde la primera noche no dormimos. Cada tres horas como si fueras una alarma de reloj nos despertabas para que te diéramos de comer, otras te sentías mal y llorabas y llorabas, sin que nosotros supiéramos que hacer, pues no sabíamos qué te sucedía y hasta llorábamos contigo. **¿No te metas en mi vida?...**

Empezaste a caminar, yo no sé cuando he tenido que estar más detrás de "ti", si cuando empezaste a caminar o cuando creíste que ya podías hacerlo. Ya no podía sentarme tranquilo a leer el periódico o a ver el partido de mi equipo favorito, porque en un segundo, te perdías de mi vista y tenía que salir tras de ti para evitar que te lastimaras. **¿No te metas en mi vida?...**

Todavía recuerdo el primer día de clases, cuando tuve que llamar al trabajo y decir que no podría ir, ya que tú en la puerta del colegio no querías soltarme y entrar, llorabas y me pedías que no me fuera, tuve que entrar contigo a la escuela, y pedirle a la maestra que me dejara estar a tu lado un rato ese día en el salón para que fueras tomando confianza. A las pocas semanas ya no me pedías que no me fuera, y hasta te olvidabas de despedirte cuando bajabas del auto corriendo para encontrarte con tus amiguitos. **¿No te metas en mi vida?...**

Seguiste creciendo, ya no querías que te lleváramos a tus reuniones, nos pedías que te dejáramos una calle antes y pasáramos por ti una calle después, porque ya eras "cool", no querías llegar temprano a casa, te molestabas si te marcábamos reglas, no podíamos hacer comentarios acerca de tus amigos, sin que te volvieras contra nosotros, como si los conocieras a ellos de toda la vida y nosotros fuéramos unos perfectos "desconocidos" para ti. **¿No te metas en mi vida?**...

Cada vez sé menos de ti por ti mismo, sé mas por lo que oigo de los demás, ya casi no quieres hablar conmigo, dices que nada más te estoy regañando, y todo lo que yo hago está mal, o es razón para que te burles de nosotros, pregunto:  con esos defectos te he podido dar lo que hasta ahora tienes. Mamá se pasa los fines de semana en vela y de paso no me deja dormir a mí diciéndome: que no has llegado y que es de madrugada, que tu celular está desconectado, que ya son las tres de la mañana y aún no llegas. Hasta que por fin podemos dormir cuando acabas de llegar. **¿No te metas en mi vida?**...

Ya casi no hablamos, no me cuentas tus cosas, ahora te aburre hablar con viejos que no entienden el mundo de hoy. Ahora sólo me buscas cuando hay que pagar algo o necesitas dinero para la universidad, o salir; o peor aún, te busco yo, cuando tengo que llamarte la atención... **¿No te metas en mi vida?**...

Pero estoy seguro que ante estas palabras... **"No te metas en mi vida"**, podemos responder juntos: "Hijo, yo no me meto en tu vida, **tu te has metido en la mía**, y te aseguro, que desde el primer día en que naciste, hasta el día de hoy, no me arrepiento que te hayas metido en ella y la hayas cambiado para siempre. Mientras esté vivo, **me meteré en tu vida, así como tú te metiste en la mía**, para ayudarte, para formarte, para amarte y para hacer de ti una persona responsable.

¡Sólo los padres que saben meterse en la vida de sus hijos logran hacer de éstos, hombres y mujeres que triunfen en la vida y sean capaces de amar!

Padres: ¡muchas gracias! Por meterse en la vida de sus hijos, ahhh más bien –corrijo– por haber dejado que sus hijos se metan en sus vidas. Y para ustedes hijos: ¡Valoren y amen a sus padres, no son perfectos, pero ellos los aman y lo único que desean es que ustedes sean capaces de salir adelante en la vida y triunfar como hombres y mujeres de bien! La vida da muchas vueltas, y en menos de lo que ustedes se imaginan alguien les dirá... "¡**No te metas en mi vida!**" La paternidad no es un capricho o un accidente, es un don de Dios, que nace del amor.

LO DEMÁS, LO HARÁ DIOS

"La fe la da Dios"

Tú no obligas a una flor a que se abra,
la flor la abre Dios; tú la plantas, la riegas,
la resguardas, lo demás lo hace Dios.

Tú no obligas a un amigo a que te ame,
el amor lo da Dios; tú le sirves, le ayudas,
en ti la amistad arde, lo demás lo hace Dios.

Tú no obligas a un alma a que crea, la fe la da Dios;
tú obras, trabajas, confías y esperas,
lo demás lo hace Dios.

Así que no trates de adelantarte a su plan de amor,
trabaja, ayuda, vive para amarlo, lo demás lo hará Dios.

"Confía en Él, que Él lo hará".

VIVIR Y APRENDER

Con el tiempo he aprendido a no creer en las palabras sino en las actitudes, porque a las primeras las rige la mente y las segundas son el reflejo de la esencia.

Aprendí, que no es cierto que la primera impresión es la que cuenta, que se necesita mucho más que eso para crear un concepto y ese punto todavía es relativo.

Aprendí, que no importa lo que digan, si no hago lo que siento me estoy traicionando y a la larga el precio que se paga por eso es muy alto.

Aprendí que es más fácil levantarse de una caída, si me animo a saltar, que de una cobardía.

Aprendí a ser libre, reconociendo mis puntos débiles y enfrentando mis miedos, antes de que estos me consuman y me sequen.

Aprendí que no es el tiempo el que sana las heridas, sino el amor y la compañía.

Aprendí, que cuando se ama de verdad, queda marcado a fuego para siempre... y nada vuelve a ser igual.

He aprendido, que estar de un lado o estar de otro, es solo una barrera social, que cuando uno se atreve a escuchar la voz del corazón, crea su único y propio lado.

Y ese es el que en verdad cuenta.

Aprendí a animarme, a arriesgarme, a jugarme y pelear por lo que creo que vale, porque eso me hace sentir realmente vivo, aunque se convierta a veces en algo peligroso.

Aprendí a seguir, aún, cuando creo que no puedo más...

Y por todo lo que aprendí y viví... por todo lo que me resta aprender y vivir... y por todo esto que vale la pena decidí...

Que no voy a dejarte ir...

EL SILENCIO DE DIOS

"Has de guardar silencio siempre"

Según una antigua leyenda, había un hombre llamado Darío que cuidaba un templo, a donde acudía la gente a orar con mucha devoción, y donde había una cruz muy antigua. Muchos acudían ahí para pedirle a Cristo algún milagro.

Un día, el ermitaño Darío, quiso pedirle un favor, lo impulsaba un sentimiento generoso; se arrodilló ante la cruz, y rogó:

– Señor, quiero padecer por ti. Déjame ocupar tu puesto. Quiero reemplazarte en la cruz.

Tras decir esto, fijó su mirada en la escultura, como esperando una respuesta.

El señor abrió sus labios, sus palabras cayeron de lo alto, susurrantes y amonestadoras:

– Siervo mío, accedo a tu deseo, pero ha de ser con una condición.

–¿Cuál, Señor? –preguntó con acento suplicante Darío–. ¿Es una condición difícil? ¡Estoy dispuesto a cumplirla con tu ayuda, Señor! –respondió el viejo ermitaño.

– Escucha: Suceda lo que suceda y veas lo que veas, has de guardar silencio siempre.

Darío contestó. – ¡Te lo prometo, Señor!

Y se realizó el cambio, sin que nadie lo advirtiera; nadie reconoció al ermitaño colgado con los clavos en la cruz.

El Señor ocupaba el puesto de Darío y, éste, por largo tiempo, cumplió el compromiso de guardar silencio.

A nadie había dicho nada, pero un día llegó un hombre rico a orar; al retirarse dejó allí olvidada su cartera; Darío vio esto, y calló. Tampoco dijo nada cuando un pobre, que se presentó dos horas más tarde, se apropió de la cartera del rico. Ni tampoco cuando, poco después, un muchacho se postró ante él para pedirle su gracia antes de emprender un largo viaje. Pero en ese momento regresó el hombre rico en busca de su cartera. Al no encontrarla, pensó que el muchacho se la había apropiado; entonces le dijo, iracundo:

– ¡Dame la cartera que me has robado!

El joven sorprendido, replicó:

– ¡No me he robado ninguna cartera!

– ¡No mientas, devuélvemela enseguida!

– ¡Le repito que no he tomado nada!

El rico arremetió furioso contra él. Y resonó entonces una fuerte voz: ¡Detente!

El rico miró hacia arriba y vio que la imagen le hablaba. Darío, que no pudo permanecer en silencio, gritó defendiendo al joven, e increpó al rico por falsa acusación. Éste quedó anonadado y salió del templo corriendo. El joven salió también, porque tenía prisa para emprender su viaje.

Cuando el templo quedó a solas, Cristo se dirigió a Darío:

— Baja de la cruz, no sirves para ocupar mi puesto. No has sabido guardar silencio.

— Señor, ¿cómo iba a permitir esa injusticia?

Se cambiaron los lugares. Jesús ocupó la Cruz de nuevo y el ermitaño se quedó ante la cruz.

El Señor siguió hablando:

— Tú no sabías que al rico le convenía perder la cartera, pues llevaba en ésta el precio de la felicidad de una mujer. El pobre, por el contrario, tenía necesidad de ese dinero, e hizo bien en llevárselo; en cuanto al muchacho que iba a ser golpeado, sus heridas le habrían impedido hacer el viaje que para él resultaría fatal. Ahora, hace unos minutos, acaba de zozobrar el barco y él ha perdido la vida. Tú no sabías nada, yo sí sé, por eso callo.

Y el Señor, nuevamente, guardó silencio.

CADA UNO ELIGE

Un joven ya no podía más con sus problemas. Cayó de rodillas y rezando, dijo: "Señor, ya no puedo seguir. Mi cruz es demasiado pesada".

Dios, acudió y le contestó: "Hijo mío, si no puedes llear el peso de tu cruz, guárdala dentro de esa habitación, después abre esa otra puerta y escoge la cruz que tu quieres".

El joven suspiró aliviado. "Gracias señor", dijo, e hizo lo que le había dicho. Al entrar, vió muchas cruces, algunas tan grandes que no podía ver la parte de arriba. Al fondo, vió una pequeña apoyada en un extremo de la pared.

"Señor", susurró, "Quisiera esa que está allá", dijo señalando.

Y Dios le contestó: "Hijo mío, esa es la cruz que acabas de dejar".

TU FUTURO TE PERTENECE

*"Di **no** a la esclavitud y un **si** a la libertad de hacer
lo que te dicte tu corazón"*

Puedes poner tu futuro bajo tu control. Pero para poder llegar a ese futuro, primero debes tener claro a dónde quieres llegar, es decir, lo que sería tu vida perfecta. Imagina por un instante que tienes **todo** lo que siempre haz deseado en tu vida: ¿Qué ropa vestirías? ¿Dónde vivirías? ¿Qué clase de personas serían tus amistades? Si trabajaras, ¿Qué trabajo sería? O, si no trabajaras ¿Qué te imaginas haciendo? ¿ Qué tipo de automóvil, qué tipo de casa tendrías? Imagina todo.

Es preferible que tomes notas. Después, imagina que ya lo tienes ¿para qué? Cuando te imagines que has logrado cada uno de tus sueños, identificarás un sentimiento interior, de felicidad… o por el contrario, no sentirás nada. Cuando te sientes feliz, significa que esa meta es verdadera que sale de lo más profundo de tu corazón, y cuando sigues los dictados de tu corazón, es cuando **realmente** eres feliz, pero… Si lograr una meta **no** te hace sentir mejor… Significa que no es una meta con un corazón verdadero. Significa que ese sueño, lo tienes para complacer a otros: padres, familia, pareja, etc. no a ti. La vida es tan corta, que debes enfocarte en lograr los sueños que realmente te importan a ti. No a otros.

Cuando descubras que imaginarte que logras un sueño, no te hace sentir mejor, **elimina** esa meta. No te va a hacer feliz lograrla. Enfócate en lo que te mantiene encendido de vida. Tus sueños, no los pienses en términos de dinero, piénsalos en términos de cosas reales. Hay una razón importante para ello, que puede cambiar para siempre el enfoque con el que ves la vida.

Hace años, un hombre de negocios contrató a un coach profesional. ¡Quería ser rico! Entonces el coach le preguntó: "John, que es lo que quieres lograr en la vida?" "Ser rico" respondió, "Quiero tener un millón de dólares". "A sí, ¿Y que piensas hacer con ese millón de dólares?". John, después de unos segundos, respondió alegremente: "¡Pescaría todo el día!". El coach le respondió: "John, tu no necesitas un millón de dólares para pescar". Este hombre de negocios hizo simplemente algunos ajustes financieros en su vida, y despés se trasladó de Colorado a Maui, Hawai. Actualmente pesca todo el día en las playas de la paradisíaca isla.

En Estados Unidos en invierno, las temperaturas son extremas. Cierto día se halló muerto a un pobre hombre dentro de su departamento. Estaba congelado. La policía investigó primero, para saber si no había sido asesinado. Interrogando a los vecinos, estos le decían que era un hombre muy pobre, que siempre compraba lo más barato para comer y que no usaba la calefacción para ahorrarse dinero. La policía, investigando, descubrió algo en el interior de su departamento que los dejó en shock. Observaron que la cama en la que dormía este hombre, estaba muy "rellena". Abrieron los colchones, dentro de ellos, había certificados y dinero por valor de cientos de miles de dólares.

Ambas son historias reales. Por eso, la importancia de que definas que és ser rico para ti. Es importante liberarte de los compromisos de tiempo que los demás te han endosado, creyendo que son tu obligación, pero que si observas con claridad, no son tu responsabilidad.

¿Cuidas a niños que no son tuyos apartándote de tus metas, porque alguien cree que es tu obligación? Deshazte del compromiso. Sé que puedes experimentar temor ante la reacción de los demás. Te van a hacer sentir mal: mal padre o madre, mal hijo, mal amiga, etc.

Una novia que tuve hace algunos años me dio una valiosa lección. Mientras estábamos en un bar esperando que trajeran la botana, los meseros tardaban. Entonces, una pareja cercana se levantó de su lugar para ir al baño, tenían botana en su mesa. Mi novia, descarada ante todo, tomó sin mayor remordimiento botana de la mesa de ellos. "Hey, ¿qué te pasa?" le dije. Se rió. Finalmente, cuando regresaron del baño, mi chica le pidió al hombre que le regalara un cigarro. Después, le dijo que se lo encendiera, delante de su pareja. Aturdido, lo hizo. Después de algunas fumadas, me miró fijamente y me dijo: "Cuando quieras algo, solo pídelo. Que te valga m... todo lo que piensen otros". Debo reconocer que es una de las mejores lecciones que he recibido en mi vida. En los países latinos, se considera que cuando alguien te dice "no" es una agresión. Mi filosofía al respecto es: si otra persona desea que haga algo que yo no deseo hacer, simplemente digo "no". Si ellos se sienten agredidos... Me vale m... ¡Si tengo que decidir entre sentirme bien yo, y hacer sentir bien a otros pero yo sintiéndome mal, siempre me quedo conmigo. Que el otro se sienta ofendido, no yo. A final de cuentas ¡es su problema!

Aplícalo en tu vida. Sentirás la diferencia. Después de hacerlo la primera vez, ya no sentirás pena de decirle "no" a alguien. Es importante que te liberes de esos compromisos rápido, para que te enfoques en lo que realmente deseas. En lo que verdaderamente te hará feliz. Una de las causas de la insatisfacción interior y depresión de muchas personas, es por vivir los sueños de otros, las expectativas de otros. Eso no te hace feliz.

Di **no** a la esclavitud y un **si** a la libertad de hacer lo que te dicte tu corazón. Tomar decisiones en las que te enfocarás en hacer cosas que te ayuden a lograr tus sueños, no están libres de resistencia por parte de otros. Tienes que pagar el precio.

Es como el cuento de los cangrejos, si uno de ellos quiere salir de la cubeta, los demás lo jalan para impedírselo. Lo mismo te sucederá cuando tomes decisiones diferentes en tu vida.

Pero al cuento de los cangrejos le he inventado otro final. Los demás crustáceos de la cubeta, como son mediocres y flojos, después de estar luchando contigo para que te quedes con ellos, y ver que no pueden detenerte, se cansarán y te dejarán. Entonces, saldrás de la cubeta y verás la belleza del mundo. La belleza de caminar cada paso afuera de la cubeta en dirección a tus sueños.

Como diría Don Quijote a Sancho Panza: "Si los perros ladran, es que estamos avanzando". Recuerda: define cuáles son tus sueños verdaderos y enfoca todas tus energías en lograrlos. Lo conseguirás.

EL TENEDOR

"Sabía que algo mejor estaba por venir"

A la señora Betancourt le fue diagnosticada una enfermedad incurable, le daban solamente tres meses de vida. De modo que comenzó a poner sus cosas "en orden". Le habló a un sacerdote con la intención de comunicarle algunos detalles de su última voluntad. Le indicó cuáles cantos quería para su funeral, qué textos fueran leídos y grabados y con qué ropa deseaba ser enterrada. Asimismo, le pidió que se colocara en el féretro su Biblia.

Tras ponerse de acuerdo, al despedirse el sacerdote ella recordó algo muy importante:

— ¡Hay algo más! –, dijo.

— ¿Qué es? –, preguntó el sacerdote.

— Esto es muy importante: quiero ser enterrada con un tenedor en mi mano derecha –. El sacerdote se quedó extrañado, sin saber exactamente qué decir.

— ¿Le sorprende? –, preguntó la mujer.

— Bueno, para ser honesto, sí estoy intrigado –, respondió el sacerdote.

La mujer explicó:

– En todos los años que he asistido a eventos sociales y cenas de compromiso, siempre recuerdo que cuando se retiraban los platos del menú principal, alguien inevitablemente se agachaba y decía: "Quédate con tu tenedor". Era mi parte favorita porque sabía que algo mejor estaba por venir; como pastel de chocolate, pay de manzana o ¡algo especial y delicioso! Así que quiero que la gente me vea dentro del ataúd con un tenedor en la mano, para que se pregunten: "¿Por qué el tenedor?" Después, quiero que usted les diga: "Se quedó con su tenedor para manifestar que lo mejor está por venir".

El sacerdote se enterneció mientras abrazaba a la mujer, despidiéndose. Él sabía que ésta sería una de las últimas veces que la vería antes de su muerte, pero también sabía que ella tenía un mejor concepto del Reino de Dios, que él mismo.

La señora Betancourt estaba segura de que algo mejor estaba por venir.

Ya en el funeral, la gente pasaba por el ataúd de la mujer y veían el precioso vestido que llevaba, su Biblia favorita y el tenedor en su mano derecha.

Una y otra vez el sacerdote escuchó la pregunta: "¿Por qué el tenedor?". Y una y otra vez, él sonrió.

Durante la homilía, el sacerdote compartió con los asistentes la conversación que había sostenido con la señora Betancourt en los días anteriores a su fallecimiento. También les habló acerca del tenedor y qué era lo que simbolizaba para ella.

Manifestó que él no podía dejar de pensar en el tenedor y que suponía que a ellos les pasaría lo mismo: lo deja como una herencia que representa el símbolo de la esperanza, que cuando algo se torna difícil o doloroso o termina, está por suceder algo maravilloso.

La próxima vez que tomes en tus manos un tenedor, recuerda que lo mejor está aún por venir...

VER PARA CREER

Estaban un astronauta y un neurocirujano muy reconocido, discutiendo sobre la existencia de Dios. El astronauta dijo: Tengo una convicción, No creo en Dios. He ido al espacio varias veces y nunca he visto ni siquiera un ángel.

El Neurocirujano se sorprendió, pero no dijo nada. Luego de pensar unos instantes, comentó: Bueno, he tenido cientos de pacientes y he operado muchos cerebros y nunca he visto un pensamiento.

ALCANZANDO UNA ESTRELLA

 Todos soñamos con alcanzar una estrella, pero a veces nos damos por vencidos, ya sea porque el camino es muy largo de recorrer o si no, porque en el camino has tropezado y has caído y no quieres volver a comenzar.

Pero te tengo una noticia no importa cuántas veces hayas caído, vuélvete a levantar, por que el camino es largo y tiene tropiezos pero paso a paso te prometo que podrás llegar. Se ve difícil y largo en el momento, pero a medida que lo vas recorriendo, ves lo cerca y maravilloso que puede ser. Que no importe cuántas veces hallas fallado vuelve a comenzar, y los sueños que hayas dejado, vuélvelos a soñar, te lo aseguro amigo, Dios te va a ayudar, y cuando alcances esa estrella, vas a anhelar alcanzar otra aún más alta.

Las personas triunfadoras son aquellas que son lo suficientemente valientes, para intentar, sin importar cuántas veces han de fallar. Amigo, ten fe en ti, tú la puedes alcanzar, sólo cuando caigas vuélvete a levantar, por que yo te aseguro que con tu esfuerzo lo podrás lograr. Cada vez que pienses en dejar tus sueños, en dejar tus metas, en dejar el camino para ya no alcanzar tu estrella, ya sea porque en el camino te has caído y te a dolido y tienes miedo de volverlo a intentar, piénsalo más, atrévete a intentar, a seguir adelante, te aseguro que lo lograrás.

DOS AMIGAS

Dos amigas se encontraban tomando un café y una le comenta en tono de queja a la otra:

– Mi mamá me llama mucho por teléfono para pedirme que la visite, la verdad no me gusta ir y voy poco. Ya sabes como son los viejos: siempre cuentan las mismas cosas, te quieren aconsejar, etc. Además, siempre ando ocupada con el trabajo, los niños, los amigos...

– Yo en cambio... –le dijo su compañera– ...platico mucho con mi mamá. Cada vez que estoy triste, voy con ella; Cuando me siento sola, cuando tengo un problema y necesito fortaleza, acudo a ella y me siento mejor.

– Caramba... – se apenó la otra– ... Eres mejor que yo.

– No lo creas, yo era igual que tú –respondió la amiga con tristeza...

– Visito a mi mamá en el cementerio. Murió hace tiempo, pero mientras estuvo viva, tampoco yo la visitaba y pensaba lo mismo que tú. No sabes cuanta falta me hace su presencia, cuanto la echo de menos y cuanto la busco ahora que ha partido. Si de algo te sirve mi experiencia, platica con tu mamá hoy que todavía la tienes, valora su presencia resaltando sus virtudes y trata de hacer a un lado sus errores. No esperes a que este en un panteón, porque ahí la reflexión duele hasta el fondo del alma porque entiendes que ya nunca podrás hacer lo que dejaste pendiente, será un hueco en tu corazón que nunca podrás llenar.

EL TRABAJO Y SUS FRUTOS

"Las cosas pequeñas en la vida determinan las grandes"

Un hombre recibió una noche la visita de un ángel, quien le comunicó que le deparaba un futuro fabuloso: se le daría la oportunidad de llegar a ser rico, de alcanzar una posición importante y respetada dentro de la comunidad, y de contraer matrimonio con una mujer muy hermosa.

El hombre se pasó la vida esperando que las profecías se cumplieran, pero nunca sucedió, así que al final murió solo y pobre. Cuando llegó a las puertas del cielo vio al ángel que le había visitado tiempo atrás, y protestó enojado:

– Me prometiste riqueza, una buena posición social y una bella esposa. ¡Me he pasado la vida esperando en vano!

– Yo no te hice esa promesa replicó el ángel; te prometí **la oportunidad** de obtener riqueza, una buena posición social y una esposa hermosa.

El hombre estaba realmente intrigado.

– No entiendo lo que quieres decir, confesó.

– ¿Recuerdas que una vez tuviste la idea de montar un negocio, pero el miedo al fracaso te detuvo y nunca lo pusiste en práctica?

El hombre asintió con un movimiento de cabeza.

– Al no decidirte, algunos años más tarde se le ocurrió la misma idea a otro hombre que no permitió que el miedo al fracaso impidiera ponerla en práctica. Recordarás que se convirtió en uno de los hombres más ricos del lugar. También, recordarás aquella ocasión en que un temblor devastó la cuidad, derrumbó muchos edificios y miles de personas quedaron atrapadas bajo sus escombros. En aquella ocasión tuviste la oportunidad de ayudar a encontrar y rescatar a los sobrevivientes, pero no quisiste dejar tu hogar sólo por temor a que los saqueadores te robaran tus pertenencias; así que ignoraste la petición de ayuda.

El hombre asintió, esta vez con vergüenza.

– Esa fue tu gran oportunidad de salvarle la vida a cientos de personas, con lo que hubieras ganado el respeto de todos ellos, prosiguió el ángel.

– Por último, ¿recuerdas a aquella hermosa mujer pelirroja, que te había atraído tanto? La creías incomparable a cualquier otra mujer y nunca conociste a nadie igual. Sin embargo, pensaste que tal mujer no se casaría con alguien como tú y, para evitar el rechazo, nunca llegaste a proponérselo.

El hombre volvió a asentir, ahora con lágrimas.

– Sí, amigo mío, ella podría haber sido tu esposa, y con ella se te hubiera otorgado la bendición de tener hijos y multiplicar tu felicidad en la vida. Como te puedes dar cuenta, la vida constantemente te brinda oportunidades únicas, pero si no las aprovechas, así como vienen se irán. En tus manos tuviste todo para ser feliz, sin embargo no pusiste nada de tu parte. No puedes esperar que todo se te dé así nada más, sin esfuerzo o sin trabajo. Es solo através del esfuerzo, de la iniciativa y el arriesgarse a hacer algo que quieres, como obtienes triunfos. Tal vez en el momento parezcan muy difíciles o hasta imposibles, sin embargo vale la pena intentarlo.

– Cuando intentas y arriesgas solamente puedes obtener dos resultados, y cualquiera de ellos es beneficioso: Si triunfas y obtienes lo que deseas, estarás satisfecho de haberte arriesgado y haber dado los pasos necesarios para obtener ese triunfo. Si fracasas y no obtienes lo que deseabas, por lo menos haz aprendido y adquirido **experiencia** al haberlo intentado. Después de que analices que fué lo que pasó, tendrás conocimientos y experiencias valiosísimas, para en un futuro volver a intentarlo y obtener lo que deseas. Por el contrario si no intentas nada, si no haces nada, nunca obtendrás ni el triunfo, ni la experiencia que el fracaso te dan. Aprovecha las oportunidades que la vida te dá, no le hagas caso a tus miedos y ¡arriesgate a triunfar!

LA FORTALEZA DE UN HOMBRE

La fortaleza de un hombre no está en el ancho de sus hombros. Está en el tamaño de sus brazos cuando abrazan a su seres queridos.

La fortaleza un hombre no está en lo profundo del tono de su voz. Está en la gentileza que usa en sus palabras al dirigirse a los demás.

La fortaleza de un hombre no está en la cantidad de amigos que tenga. Está en lo buen amigo que se vuelve de sus hijos.

La fortaleza de un hombre no está en cómo lo respetan en su trabajo. Está en cómo es respetado en su propio hogar.

La fortaleza de un hombre no está en lo duro que puede golpear. Está en lo cuidadoso de sus caricias.

La fortaleza de un hombre no está en su cabello o su pecho. Está en su corazón.

La fortaleza de un hombre no está en las mujeres que ha amado. Está en poder ser verdaderamente de una mujer.

La fortaleza de un hombre no está en el peso que pueda levantar. Está en las cargas que puede llevar a cuestas.

LOS OBSTÁCULOS EN NUESTRO CAMINO

Hace mucho tiempo, un rey colocó una gran roca obstaculizando un camino. Entonces se escondió y miró para ver si alguien quitaba la tremenda roca.

Algunos de los comerciantes y cortesanos más ricos del reino vinieron y al ver la roca simplemente le dieron una vuelta. Muchos culparon al rey ruidosamente de no mantener los caminos despejados, pero ninguno hizo algo para sacar la piedra grande del camino.

Entonces un campesino vino, y llevaba una carga de verduras. Al aproximarse a la roca, el campesino puso su carga en el piso y trato de mover la roca a un lado del camino.

Después de empujar y fatigarse mucho, lo logró. Mientras recogía su carga de vegetales notó una bolsa de lona en el piso, justo donde había estado la roca.

La bolsa contenía muchas monedas de oro y una nota del mismo rey indicando que el oro sería para la persona que removiera la piedra del camino. El campesino aprendió lo que los otros nunca entendieron:

"Cada obstáculo que encontramos en la vida siempre presentará una oportunidad para mejorar la condición de uno mismo".

EL VASO DE LECHE

"… su fe en Dios y en los hombres se había fortalecido"

Erick, un muchacho pobre que vendía mercancías de puerta en puerta para poder costear sus estudios, un día en su jornada, empezó a sentir mucha hambre, pero se dio cuenta que sólo le quedaban algunas monedas. Decidió, entonces, que pediría algo de comer en la próxima casa que llegara a ofrecer su mercancía; sin embargo, sus nervios lo traicionaron cuando una encantadora mujer joven le abrió la puerta. En lugar de comida, pidió un vaso de agua. Ella pensó que el joven estaba hambriento, así que le trajo un gran vaso de leche. Él lo bebió despacio, y preguntó a la joven:

– ¿Cuánto le debo?

– No me debes nada –contestó ella–. Mi madre siempre nos ha enseñado a no aceptar pago alguno por una caridad.

– Te lo agradezco de todo corazón, –dijo él.

Cuando Erick se alejó, no sólo se sintió físicamente mejor, sino que también su fe en Dios y en los hombres se había fortalecido, ya que había estado tentado a rendirse y dejarlo todo.

Años después, esa joven mujer enfermó gravemente. Los doctores se mostraban confundidos, pues los esfuerzos por aliviar sus dolencias no daban ningún resultado. Finalmente, la enviaron a la ciudad, donde convocaron a especialistas para estudiar esa enfermedad. Se comunicaron con el doctor Erick para saber su opinión, y cuando éste escuchó el nombre del pueblo de donde ella venía, una extraña luz llenó sus ojos. Inmediatamente subió del vestíbulo del hospital al cuarto que le habían asignado a la mujer. Ataviado con su bata de médico, Erick entró a verla, y la reconoció de inmediato, por lo que determinó hacer todo lo que estuviera en sus manos para salvarle la vida.

Desde ese día prestó especial atención a su cuidado y recuperación; así, día tras día y tras una larga lucha, ella ganó la batalla.

El doctor Erick pidió que le enviaran la factura total de los gastos para aprobarla. La revisó, escribió algo en el borde y la envió al cuarto de la paciente.

Ella temía abrirla porque sabía que le tomaría el resto de su vida pagar los gastos.

Finalmente, la abrió y vió algo que llamó poderosamente su atención:

"Pagado por completo hace muchos años con un vaso de leche. Firmado: Dr. Erick De Vinatea".

Lágrimas de alegría inundaron sus ojos y su feliz corazón oró: "Gracias, Dios, porque tu amor se ha manifestado en las manos y en los corazones humanos".

LA PREGUNTA MÁS IMPORTANTE

Durante mi segundo semestre en la escuela nuestro profesor nos dio un examen sorpresa. Yo era un estudiante consciente y leí rápidamente todas las preguntas, hasta que leí la última:

¿Cuál es el nombre de la mujer que todos los días limpia la escuela?

Seguramente esto era algún tipo de broma. Yo había visto muchas veces a la mujer que limpiaba la escuela, ella era alta, cabello oscuro, como de cincuenta años, pero, ¿como iba yo a saber su nombre?

Entregue mi examen, dejando la última pregunta en blanco.

Antes de que terminara la clase, alguien le preguntó al profesor si la última pregunta contaría para la nota del examen. Absolutamente, dijo el profesor. En sus carreras ustedes conocerán muchas personas. Todas son importantes. Ellos merecen su atención, cuidado y respeto, aunque solo les sonrían y digan: !Hola!

Yo nunca olvide esa lección. También aprendí que su nombre era Elena.

¡Todos somos importantes!

EL ANÁLISIS FINAL

La gente comúnmente es incomprensible, ilógica
y egoísta, *perdónales de todas maneras.*

Si eres amable, la gente podrá tildarte de egoísta
y con motivos ocultos, *sé amable de todas maneras.*

Si eres un triunfador, ganarás algunos falsos amigos
y algunos verdaderos enemigos,
triunfa de todas maneras.

Si eres honesto y sincero, la gente podrá engañarte,
sé honesto y sincero de todas maneras. Lo que has
invertido años en construir, alguien lo podrá destruir
de la noche a la mañana, *construye de todas maneras.*

Si encuentras serenidad y alegría, ellos te
podrán tener envidia, *sé alegre de todas maneras.*

El bien que puedas hacer hoy, la gente lo podrá
olvidar mañana, *haz el bien de todas maneras.*

Dale al mundo lo mejor que tengas y eso nunca será
suficiente. *Da al mundo lo mejor que tengas
de todas maneras.*

Como ves, en el análisis final, *es algo entre tú y Dios.*
Nunca fue entre tú y ellos de todas maneras.

- Madre Teresa de Calcuta

EL RATÓN Y LA RATONERA

Un ratón mirando desde un agujero de la pared, ve a un hombre entregando un paquete a la señora de la casa. Rápidamente pensó: "¿Que tipo de comida podrá ser?" Y se imaginó un sabroso queso. Se le hacía agua la boca de pensar que era de sus preferidos. Sin embargo, quedó aterrorizado, cuando descubrió que era una ratonera.

Fue al patio de la casa a advertir a todos: "¡Hay una ratonera en la casa, una ratonera!" La gallina que estaba buscando sus lombrices en la tierra, cacareó y le dijo: "¡Discúlpeme Sr. ratón; entiendo que sea un gran problema para usted, pero a mi no me perjudica en nada, ni me molesta!" Y el ratón se entristeció.

El afligido ratón siguió corriendo buscando ayuda. Llegó hasta el cordero y le dijo: "Sr. cordero, Sr. cordero ¡Hay una ratonera en la casa!". "¡Discúlpeme, Sr. ratón, pero no veo nada que pueda hacer; yo como pasto. Quédese tranquilo, usted esta en mis oraciones!"

El ratón se fué hasta donde estaban las vacas, y le dijeron: "¿Que nos dice Sr. ratón, una ratonera? ¿Estamos en peligro nosotras? ¡Creo que no!" Entonces el ratón se volvió a la casa, cabizbajo y abatido.

Aquella misma noche se escuchó el ruido de la ratonera agarrando su víctima. La señora de la casa corrió a ver. Pero, en la oscuridad, no vió que la trampa había agarrado la cola de una víbora venenosa. La víbora la mordió. El esposo llevó corriendo a la mujer al hospital. La mujer fue atendida, y después le dieron de alta, sin embargo la noche siguiente tuvo fiebre, nada mejor que un buen caldo de gallina. El hombre entonces tomo el cuchillo y fue a buscar a la gallina. Como la enfermedad de la mujer continuaba, amigos y vecinos vinieron a verla, para alimentarlos, hubo que matar al cordero. Pero la mujer no resistió, y acabó falleciendo. Muchas personas vinieron al funeral. El pobre hombre, muy triste y agradecido por la solidaridad, resolvió matar a las vacas para darle de comer a todos.

La próxima vez que oigas decir que alguien esta enfrentando un problema, y creas que a tí no te afecta, piénsalo dos veces. En todas las casas pueden necesitar una ratonera ¡y todos los integrantes corren peligro! ¿Te diste cuenta quien se salvó?

EL ARCA DE NOÉ

Todo lo que yo necesito saber, lo aprendí del Arca de Noé...

Uno: No pierdas el barco.

Dos: Recuerda que todos estamos en el mismo barco.

Tres: Planea por adelantado. No estaba lloviendo cuando Noé construyó el Arca.

Cuatro: Mantente en buena salud. Cuando seas un anciano, alguien puede pedirte que hagas algo muy grande.

Cinco: No escuches a los críticos; simplemente sigue con el trabajo que necesita ser hecho.

Seis: Construye tu futuro en tierra alta.

Siete: Por razones de seguridad, siempre viaja en pareja.

Ocho: La velocidad no siempre es una ventaja. Los caracoles estaban a bordo junto con los chitas.

Nueve: Cuando estés estresado, flota un rato.

Diez: Recuerda, el Arca fue construida por aficionados guiados por la mano de Dios; el Titanic por profesionales.

Once: No importa la tormenta, cuando estás con Dios siempre hay un arco iris esperándote.

LA ACTITUD

Un joven llegó a la entrada de un pueblo y acercándose a un anciano le preguntó:

— ¿Qué clase de personas viven en este lugar?

— ¿Qué clase de personas viven en el lugar de donde tú vienes? —preguntó a su vez el anciano.

— Bueno, un grupo de egoístas y malvados, replicó el joven, estoy feliz de haberme ido de allí.

El anciano contestó:

— Lo mismo vas a encontrar aquí.

Ese mismo día, otro joven se acercó al mismo anciano, y le preguntó:

— ¿Qué clase de personas viven en este lugar?

El viejo respondió con la misma pregunta:

— ¿Qué clase de personas viven en el lugar de donde tú vienes?

— Gente magnífica, honesta, amigable, hospitalaria, me duele mucho haberlos dejado.

— Lo mismo encontrarás aquí, —respondió el anciano.

Un hombre que había oído ambas conversaciones preguntó al viejo:

— ¿Cómo es posible dar dos respuestas diferentes a la misma pregunta?

A lo cual el viejo respondió:

— Cada cual lleva en su corazón el medio ambiente donde vive. Aquel que no encontró nada nuevo en los lugares donde estuvo, no podrá encontrar otra cosa aquí. Aquel que encontró amigos allá, podrá encontrar también amigos aquí, porque la actitud mental es lo único en tu vida sobre lo cual puedes mantener control absoluto.

Si tienes una actitud positiva
hallarás la verdadera riqueza de la vida.

¡ NADIE !

Nadie alcanza la meta con un sólo intento ni perfecciona la vida con una sola rectificación, ni alcanza la altura con un sólo vuelo.

Nadie camina la vida sin haber pisado en falso muchas veces.

Nadie recoge cosechas sin probar muchos sabores, enterrar muchas semillas y abonar mucha tierra.

Nadie mira la vida sin acobardarse en muchas ocasiones, ni se mete en barco sin temerle a la temperatura, ni llega a puerto sin remar muchas veces.

Nadie siente el amor sin probar sus lágrimas ni recoge rosas sin sentir espinas. Nadie hace obras sin martillar sobre un edificio, ni cultiva la amistad sin renunciar ahí mismo.

Nadie llega a la otra orilla sin haber ido haciendo puentes para pasar. Nadie deja el alma lustrosa sin el pulimento diario de Dios.

Nadie puede juzgar sin conocer primero su propia debilidad.

Nadie consigue su ideal sin haber pensado muchas veces que perseguía un imposible. Nadie conoce la oportunidad hasta que ésta pasa por su lado y la deja ir.

Nadie encuentra el pago de Dios hasta caminar por la sed del desierto.

Nadie deja de llegar, cuando tiene la claridad de un don, el crecimiento de su voluntad, la abundancia de la vida, el poder para realizarse y el impulso de la fe. Nadie deja de arder con fuego dentro de nadie.

Nadie deja de llegar cuando en verdad se lo propone. Si sacas todo lo que tienes... ¡vas a llegar!

CIRUGÍA DEL ALMA

Hay personas tan vanidosas que con tal de parecer más jóvenes y bellas son capaces de someterse a las más dolorosas y arriesgadas cirugías plásticas.

Quizá lo que necesite cirugía sea su alma. Sin embargo se niegan a pasar por el dolor del arrepentimiento y la conversión, a pesar de estar en manos del mejor cirujano de almas que es nuestro Padre Dios.

CONQUISTA TUS SUEÑOS

Cayeron unas gotas de lluvia en lo alto de una montaña. El río quedaba cuesta abajo. Las gotas deseaban llegar a él pero no había ningún camino. Iniciaron su recorrido y a lo largo de este, encontraron los caminos hasta llegar al río. Tus sueños, no son diferentes a una gota de lluvia en la montaña. Pues la lluvia siempre encuentra caminos en la montaña para llegar a tierra.

En el pasado existían "semáforos humanos". Ahora conocemos los automáticos, pero antes eran más rudimentarios. En un tubo se hallaban en lo alto tres señalamientos: alto, cambio y siga. Había una persona que manualmente los cambiaba. ¿Y de dónde surgieron los semáforos? Por la invención de el automóvil, pues se hizo necesario encontrar una forma más eficiente de controlar el tráfico.

En la actualidad podemos ver calles asfaltadas, coches circulando, semáforos automáticos y comercios distribuidos a lo largo de las calles. Pero todo lo originó la creación del auto y este desencadenó la creatividad. El auto originó el problema de cómo circular cómodamente y se crearon las calles. El aumento de circulación originó la pregunta ¿cómo controlo el tráfico? Y surgieron los semáforos manuales. ¿Cómo puedo tomar ventaja de las calles y gente moviéndose en sus coches? Y los comerciantes entraron en acción y el ciclo de mejora es de nunca acabar. Todo comenzó con una idea y esa idea en acción, generó desafíos no contemplados por sus creadores. Y la respuesta creativa a estos retos, originó obras que beneficiaron a todos.

Hay personas que cuando sueñan, se detienen al concentrarse en las imposibilidades de sus sueños y nunca inician. El empresario John Johnson recomienda a los jóvenes soñar con cosas pequeñas, ya que cuando estas se realizan, dan confianza para el siguiente paso. También menciona que los negocios pequeños a la larga se convierten en grandes. Por eso, todo lo que necesitas, es comenzar de alguna forma.

Así, como la gota de lluvia encontró su camino y el auto abrió brecha para más ideas, hallarás la manera de alcanzar tus sueños. Los desafíos que encuentres son oportunidades disfrazadas que te permitirán lograr mayores éxitos. Así que… ¡Adelante! Todo lo que necesitas es comenzar.

ANTIGUO CONSEJO CHINO

Había una vez un campesino chino, pobre pero sabio, que trabajaba la tierra duramente con su hijo. Un día el hijo le dijo:

– ¡Padre, qué desgracia! Se nos ha ido el caballo.

– ¿Por qué le llamas desgracia? –respondió el padre–. Veremos lo que trae el tiempo...

– A los pocos días el caballo regresó, acompañado de otro caballo.

– ¡Padre, qué suerte! –exclamó esta vez el muchacho–. Nuestro caballo ha traído otro caballo.

– ¿Por qué le llamas suerte? –repuso el padre–. Veamos qué nos trae el tiempo.

En unos cuantos días más, el muchacho quiso montar el caballo nuevo, y éste, no acostumbrado al jinete, se encabritó y lo arrojó al suelo. El muchacho se quebró una pierna.

– ¡Padre, qué desgracia! –exclamó ahora el muchacho–. ¡Me he quebrado la pierna! –Y el padre, retomando su experiencia y sabiduría, sentenció:

– ¿Por qué le llamas desgracia? ¡Veamos lo que trae el tiempo!

El muchacho no se convencía de la respuesta sino que gimoteaba en su cama. Pocos días después pasaron por la aldea los enviados del rey, buscando jóvenes para llevárselos a la guerra. Vinieron a la casa del anciano, pero como vieron al joven con su pierna entablillada, lo dejaron y siguieron de largo. El joven comprendió entonces que nunca hay que dar ni la desgracia ni la fortuna como absolutas, sino que siempre hay que darle tiempo al tiempo, para ver si algo es malo o bueno.

La moraleja de este antiguo consejo chino es simplemente que "la vida da tantas vueltas, y es tan paradójico su desarrollo, que lo malo se hace bueno, y lo bueno malo. Lo mejor es esperar siempre el día de mañana, pero sobre todo confiar en Dios, porque todo sucede con un propósito positivo para nuestras vidas".

HUBO UN MOMENTO...

Hubo un momento en el que creías que la tristeza sería eterna; pero volviste a sorprenderte a tí mismo riendo sin parar...

Hubo un momento en el que dejaste de creer en el amor; y luego apareció esa persona y no pudiste dejar de amarla cada vez más...

Hubo un momento en el que la amistad parecía no existir; y conociste a ese amigo que te hizo reír y llorar, en los mejores y en los peores momentos...

Hubo un momento en el que estabas seguro que la comunicación con alguien se había perdido; y fue luego cuando el cartero visitó el buzón de tu casa...

Hubo un momento en el que una pelea prometía ser eterna; y sin dejarte ni siquiera entristecerte terminó en un fuerte abrazo...

Hubo un momento en que un examen parecía imposible de pasar; y hoy es un examen más que aprobaste en tu carrera...

Hubo un momento en el que dudaste que podías encontrar un buen trabajo; y hoy puedes darte el lujo de ahorrar para el futuro...

Hubo un momento en el que sentiste que no podrías hacer algo; y hoy te sorprendes a tí mismo haciéndolo...

Hubo un momento en el que creíste que nadie podía comprenderte; y te quedaste boquiabierto mientras alguien parecía leer tu corazón...

Así como hubo momentos en los que la vida cambió en un instante, nunca olvides que aún habrá momentos en que lo imposible se tornará un sueño hecho realidad...

Nunca dejes de soñar, porque soñar es el principio de un sueño hecho realidad. Recuerda "todo lo que sucede, sucede por una razón".

ENTREVISTA CON ALGUIEN ESPECIAL

Soñé que tenía una entrevista con Dios...

– Te gustaría entrevistarme? –Dios preguntó

– Si tienes tiempo –le dije.

– Dios sonrió –. Mi tiempo es eterno, qué quieres preguntarme?

– ¿Qué opinas de mi?... –Pregunté.

Y Dios respondió:

– Tienes prisa porque tus niños crezcan y tan pronto crecen quieres que sean niños de nuevo. Pierdes tu salud para hacer dinero y luego usas tu dinero para recobrar la salud. Estás tan ansioso por el futuro, que olvidas el presente; vives la vida sin presente y como si nunca fueses a morir, y mueres como si nunca hubieses vivido.

Las manos de Dios tomaron las mías y estuvo en silencio por un rato y entonces le pregunté...

– Padre, dime, qué lecciones deseas que yo aprenda? –Dios respondió con una sonrisa:

– Que aprendas que no puedes hacer que todos te amen y lo que puedes hacer es amar a los demás.

– Que aprendas que lo más valioso no es lo que tengas en la vida, sino que tienes vida. Que aprendas que no es bueno compararte con los demás.

– Que aprendas que una persona rica no es la que tiene más, sino la que necesita menos. Que aprendas que únicamente toma unos segundos herir profundamente a una persona que amas, y que puede tomar muchos años cicatrizar la herida.

– Que perdonar se aprende perdonando... Que aprendas que hay personas que te aman entrañablemente, y que muchas veces no saben cómo expresarlo... Que aprendas que dos personas pueden mirar la misma cosa y las dos percibir algo diferente.

– Que perdonar a los otros no es fácil, y que perdonarse a sí mismo es el primer paso...

– Y que aprendas que YO siempre estoy aquí para tí... SIEMPRE.

CERRANDO CÍRCULOS

Cerrando círculos, cerrando puertas o cerrando capítulos. Como quiera llamarlo. Lo importante es poder cerrarlos. Lo importante es poder dejar ir momentos de la vida que se van clausurando. ¿Terminó con su trabajo? ¿Se acabó la relación? ¿Ya no vive más en esa casa? ¿Debe irse de viaje? ¿La amistad se acabó?

Puede pasarse mucho tiempo de su presente "revolcándose" en los porqués, en recordar el pasado y tratar de entender por qué sucedió tal o cual hecho. El desgaste va a ser infinito porque en la vida, usted, yo, su amigo, sus hijos, sus hermanas, todos y todas estamos abocados a ir cerrando capítulos. A pasar la hoja. A terminar con etapas o con momentos de la vida y seguir para adelante. No podemos estar en el presente añorando el pasado. Ni siquiera preguntándonos por qué.

¡Lo que sucedió, sucedió! Y hay que soltar, hay que desprenderse.

No podemos ser niños eternos, ni adolescentes tardíos, ni empleados de empresas inexistentes, ni tener vínculos con quien no quiere estar vinculado a nosotros. No. ¡Los hechos pasan y hay que dejarlos ir!

Por eso a veces es tan importante destruir recuerdos, regalar presentes, cambiar de casa. Papeles por romper, documentos por tirar, libros por vender o regalar. Los cambios externos pueden simbolizar procesos interiores de superación. Dejar ir, soltar, desprenderse.

En la vida nadie juega con las cartas marcadas y hay que aprender a perder y a ganar. Hay que dejar ir, hay que pasar la hoja, hay que vivir sólo lo que tenemos en el presente. El pasado ya pasó. No espere que le devuelvan, no espere que le reconozcan, no espere que "alguna vez se den cuenta de quién es usted". Suelte el resentimiento, el prender "su televisor" personal para darle y darle al asunto, lo único que consigue es dañarlo mentalmente, envenenarlo, amargarlo.

La vida está para adelante, nunca para atrás. Porque si usted anda por la vida dejando "puertas abiertas", por si acaso, nunca podrá desprenderse ni vivir lo de hoy con satisfacción. Noviazgos o amistades que no clausuran, posibilidades de "regresar" (¿a qué?), necesidad de aclaraciones, palabras que no se dijeron, silencios que lo invadieron.

¡Si puede enfrentarlos ya y ahora, hágalo! Si no, déjelo ir, cierre capítulos. Dígase a usted mismo que no, que no vuelve. Pero no por orgullo ni por soberbia sino porque usted ya no encaja allí, en ese lugar, en ese corazón, en esa habitación, en esa casa, en ese escritorio, en ese oficio, usted ya no es el mismo que se fué, hace dos días, hace tres meses, hace un año, por lo tanto, no hay nada a que volver. Cierre la puerta, pase la hoja, cierre el círculo.

Ni usted será el mismo, ni el entorno al que regresa será igual porque en la vida nada se queda quieto, nada es estático.

Es salud mental, amor por usted mismo desprenderse de lo que ya no está en su vida.

Recuerde que nada ni nadie es indispensable. Ni una persona, ni un lugar, ni un trabajo, nada es vital para vivir porque cuando usted vino a este mundo "llegó" sin ese adhesivo, por lo tanto es "costumbre" vivir pegado a él y es un trabajo personal aprender a vivir sin él, sin el adhesivo humano o físico que hoy le duele dejar ir. Es un proceso de aprender a desprenderse y humanamente se puede lograr porque, le repito, nada ni nadie nos es indispensable. Sólo es costumbre, apego, necesidad.

Pero... cierre, clausure, limpie, tire, oxigene, despréndase, sacuda, suelte.

Hay tantas palabras para significar salud mental y cualquiera que sea la que escoja, le ayudará definitivamente a seguir para adelante con tranquilidad.

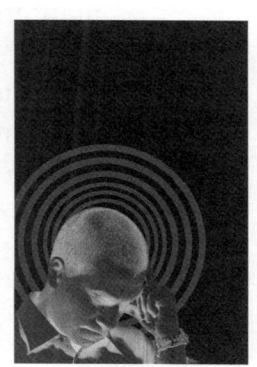

¡Esa es la vida!

MIS DIEZ MANDAMIENTOS

Soy honrado conmigo y con los demás. Aprendí a
enfrentar los hechos y a construir una base segura
hecha en la verdad.

Soy un ser que vive el presente. Cada instante de mi
vida es más importante que ayer. Es hoy.

Soy un ser con un sentido en mi vida,
tengo por quien vivir y luchar.

Soy un ser que puede oír a los demás sin alterarme.
Soy capaz de comprender.

Soy capaz de hacer bien las cosas diarias de mi vida
y me siento bien por ello.

Soy un ser lleno de confianza y felicidad.

Soy un ser que se preocupa por
mantenerse sano, feliz y en paz.

Soy capaz de disfrutar de las cosas sencillas y de
encontrar placer en la sana alegría,
en la música y en la poesía.

Soy capaz de reírme una o más veces al día.

Soy capaz de encontrar placer en mi trabajo, en el día
en que vivo y el aire limpio y puro que respiro.
Porque soy hecho para merecerme esto
y muchas cosas más.

LIBÉRATE DE LA ANSIEDAD Y EL MIEDO

Muchas veces donde las palabras fallan, la imaginación es la que vence. Si sientes ansiedad y miedo, el siguiente ejercicio de Rachel Charles te puede ayudar muchísimo.

Tómate unos instantes para recordar algún momento en el que te sintieras profundamente turbado o avergonzado frente a otras personas. Recrea el evento con los ojos de tu mente y, una vez más, analiza la situación, las personas presentes y, en particular, el individuo que te hizo sufrir.

¿Qué edad tenías entonces? ¿Qué habías hecho (o dejado de hacer) y qué te dijeron después? ¿Cómo reaccionaron los otros? ¿Cuál fue tu respuesta? ¿Qué sucedió a continuación?

¿Tomaste alguna decisión que te permitiera evitar ese dolor en el futuro? ¿Cómo te limita ahora esa decisión? Afírmate que ya no eres tan joven ni inexperto; ahora puedes enfrentar el problema de forma completamente distinta.

Evoca de nuevo la situación y visualízate como eras entonces, pero esta vez también inclúyete en la imagen con tu aspecto y edad actuales. Dile a tu "Yo" más joven que ahora el que manda eres tú; agradécele haber reaccionado del mejor modo posible en ese momento y haber cuidado de ti, pero aclárale que la responsabilidad ahora es tuya. Vuelve a evocar el diálogo en tu imaginación, pero esta vez desde una perspectiva en la que demuestres sentirte perfectamente a gusto contigo mismo: deja de lado el papel de víctima. Di ahora lo que hubieras querido decir entonces; por ejemplo, que se trató de un error inocente, que has aprendido de él, que no había necesidad de hacerlo público, y pide una disculpa.

¿Cómo responde la persona esta vez? ¿Cuál es la reacción del resto de los presentes? ¿Cómo te sientes en este momento?

Tal vez sea necesario repetir el diálogo varias veces hasta verte seguro, en control de la situación, y negándote a que te achaquen las cosas a ti o te tomen como ejemplo.

¿ TU A QUIÉN ESCOGERÍAS ?

Una mujer regaba el jardín de su casa y vio a tres ancianos frente a su jardín. Ella no los conocía y les dijo: "No creo conocerlos, pero deben tener hambre. Por favor entren a mi casa para que coman algo".

Ellos preguntaron:

– ¿Se encuentra el hombre de la casa? –No, respondió ella, no está.

– Entonces no podemos entrar, dijeron ellos.

Al atardecer, cuando el marido llegó, ella le contó lo sucedido.

– ¡Entonces diles que ya llegué e invítalos a pasar!

La mujer salió a invitar a los hombres a pasar a su casa.

– No podemos entrar a una casa los tres juntos, explicaron los viejitos.

– ¿Por qué? –quiso saber ella. Uno de los hombres apuntó hacia otro de sus amigos y explicó–, Su nombre es Riqueza –. Luego indicó hacia el otro –. Su nombre es Éxito. Y yo me llamo Amor. Ahora ve adentro y decide con tu marido a cual de nosotros tres desean invitar a vuestra casa.

La mujer entró a su casa y le contó a su marido lo que ellos le dijeron. El hombre se puso feliz: – ¡Qué bueno! Y ya que así es el asunto entonces invitemos a Riqueza, que entre a nuestra casa –Su esposa no estuvo de acuerdo: – Querido, ¿por qué no invitamos a Éxito? –La hija del matrimonio se encontraba escuchando desde la otra esquina de la casa y vino corriendo.

– ¿No sería mejor invitar a Amor? Nuestro hogar estaría entonces lleno de amor.

– Hagamos caso del consejo de nuestra hija –dijo el esposo a su mujer–. Ve afuera e invita a Amor a que sea nuestro huésped.

La esposa salió y les preguntó:

– ¿Cuál de ustedes es Amor? Por favor que venga y que sea nuestro invitado–. Amor se levantó de su silla y comenzó ha avanzar hacia la casa. Los otros dos también se levantaron y le siguieron. Sorprendida, la dama les preguntó a Riqueza y a Éxito–: Yo invité sólo a Amor ¿porqué ustedes también vienen?

Los viejos respondieron juntos:

– Si hubieras invitado a Riqueza o a Éxito los otros dos habrían permanecido afuera, pero ya que invitaste a Amor, dónde vaya él, nosotros vamos con él.

SIEMPRE RECUERDA A
AQUELLOS A QUIENES SIRVES

En los días en que un helado costaba mucho menos, un niño de diez años entro en un establecimiento y se sentó en una mesa. La mesera puso un vaso de agua en frente de él.

– ¿Cuánto cuesta un helado de fresa con chispas de chocolates? –pregunto el niño.

– Cincuenta centavos –respondió la mesera.

El niño saco su mano de su bolsillo y examino un número de monedas. – ¿Cuanto cuesta un helado solo? –volvió a preguntar. Algunas personas estaban esperando por una mesa y la mesera ya estaba un poco impaciente.

– Treinta y cinco centavos –dijo ella bruscamente. El niño volvió a contar las monedas.

– Quiero el helado solo –dijo el niño. La mesera le trajo el helado, y puso la cuenta en la mesa y se fue. El niño termino el helado, pago en la caja y se fue.

Cuando la mesera volvió, ella empezó a limpiar la mesa y entonces le costo tragar saliva con lo que vio. Allí, puesto ordenadamente junto al plato vacío, habían veinticinco centavos... su propina.

Jamás juzgues a alguien antes de tiempo.

SIGUE TU CORAZÓN

En cierta ocasión durante una charla que di ante un grupo de abogados, me hicieron esta pregunta: "¿Qué es lo más importante que ha hecho en su vida?" La respuesta me vino a la mente en el acto, pero no fue la que di, porque las circunstancias no eran las apropiadas. En mi calidad de abogado de la industria del espectáculo, sabia que los asistentes deseaban escuchar anécdotas sobre mi trabajo con las celebridades. Pero he aquí la verdadera, la que surgió de lo más recóndito de mis recuerdos.

Lo más importante que he hecho en la vida tuvo lugar el 8 de octubre de 1990. Mi madre cumplía sesenta y cinco años, y yo había viajado a casa de mis padres en Massachussets, para celebrar con la familia. Comencé el día jugando con un ex-condiscípulo y amigo mío al que no había visto en mucho tiempo. Entre jugada y jugada conversamos acerca de lo que estaba pasando en la vida de cada cual. Me contó que su esposa y él acababan de tener un bebe, y que el pequeño los mantenía en vela todas las noches. Mientras jugábamos, un coche se acercó haciendo rechinar las llantas y tocando el claxón con insistencia. Era el padre de mi amigo, que consternado, le dijo que su bebé había dejado de respirar y lo habían llevado de urgencia al hospital. En un instante mi amigo subió al auto y se marcho, dejando tras de sí una nube de polvo.

Por un momento me quede donde estaba, sin acertar a moverme, pero luego traté de pensar que debía hacer. ¿Seguir a mi amigo al hospital? Mi presencia allí, me dije, no iba a servir de nada, pues la criatura seguramente estaría al cuidado de médicos y enfermeras, y nada de lo que yo hiciera o dijera iba a cambiar las cosas. ¿Brindarle mi apoyo moral? Bueno, quizá. Pero tanto él como su esposa provenían de familias numerosas y sin duda estarían rodeados de parientes que les ofrecerían consuelo y el apoyo necesarios pasara lo que pasara.

Lo único que haría sería estorbar. Además había planeado dedicar todo mi tiempo a mi familia, que estaba aguardando mi regreso. Así que, decidí reunirme con ellos e ir mas tarde a ver a mi amigo.

Al poner en marcha el auto que había rentado, me percaté que mi amigo había dejado su camioneta, con las llaves puestas, estacionada junto a las canchas.

Me vi entonces ante otro dilema: no podía dejar así el vehículo; pero si lo cerraba y me llevaba las llaves, qué iba a hacer con ellas. Podía pasar a su casa a dejarlas, pero como no tenía a la mano ni un papel para escribirle una nota, no podría avisarle lo que había hecho.

Decidí pues ir al hospital y entregarle las llaves. Cuando llegué, me indicaron en que sala estaban mi amigo y su esposa, como supuse, el recinto estaba lleno de familiares que trataban de consolarlos. Entré sin hacer ruido y me quede junto a la puerta, tratando de decidir qué hacer. No tardó en presentarse un médico, que se acercó a la pareja, y en voz baja les comunicó que su bebé había fallecido, victima del síndrome conocido como muerte en la cuna.

Durante lo que pareció una eternidad, estuvieron abrazados, llorando, mientras todos los demás los rodeamos en medio del silencio y el dolor. Cuando se recuperaron un poco, el médico les preguntó si deseaban estar unos momentos con su hijo. Mi amigo y su esposa se pusieron de pie y caminaron resignadamente hacia la puerta. Al verme allí, en un rincón, la madre se acercó, me abrazó y comenzó a llorar. También mi amigo se refugió en mis brazos. "Gracias por estar aquí" me dijo. Durante el resto de la mañana permanecí sentado en la sala de urgencias del hospital, viendo a mi amigo y a su esposa sostener en brazos a su bebé y despedirse de él. Eso es lo más importante que he hecho en mi vida.

Aquella experiencia me dejó tres enseñanzas:

PRIMERA: Lo más importante que he hecho en la vida ocurrió cuando no había absolutamente nada que yo pudiera hacer. Nada de lo que aprendí en la universidad, ni en los seis años que llevaba ejerciendo mi profesión, me sirvió en tales circunstancias. A dos personas a las que yo estimaba les sobrevino una desgracia, y yo era impotente para remediarla. Lo único que pude hacer fue acompañarlos y esperar el desenlace. Pero estar allí en esos momentos en que alguien me necesitaba era lo principal.

SEGUNDA: Estoy convencido que lo más importante que he hecho en mi vida estuvo a punto de no ocurrir debido a las cosas que aprendí en la universidad y en mi vida profesional. En la escuela de derecho me enseñaron a tomar los datos, analizarlos y organizarlos y después evaluar esa información sin apasionamientos.

Esa habilidad es vital en los abogados. Cuando la gente acude a nosotros en busca de ayuda, suele estar angustiada y necesita que su abogado piense con lógica. Pero, al aprender a pensar, casi me olvide de sentir. Hoy, no tengo duda alguna que debí haber subido al coche sin titubear y seguir a mi amigo al hospital.

TERCERA: Aprendí que la vida puede cambiar en un instante. Intelectualmente, todos sabemos esto, pero creemos que las desdichas les pasan a otros. Así, pues hacemos planes y concebimos nuestro futuro como algo tan real que pareciera que ya ocurrió. Pero, al ubicarnos en el mañana dejamos de advertir todos los presentes que pasan junto a nosotros, y olvidamos que perder el empleo, sufrir una enfermedad grave, toparse con un conductor ebrio y miles de cosas más pueden alterar ese futuro en un abrir y cerrar de ojos. En ocasiones a uno le hace falta vivir una tragedia para volver a poner las cosas en perspectiva. Desde aquel día busqué un equilibrio entre el trabajo y la vida; aprendí que ningún empleo, por gratificante que sea, compensa perderse unas vacaciones, romper con la pareja o pasar un día festivo lejos de la familia.

Y aprendí que lo más importante en la vida no es ganar dinero, ni ascender en la escala social, ni recibir honores.

Lo más importante en la vida es el tiempo que dedicamos a cultivar una amistad, así como el tiempo que le dedicamos a nuestra familia; gente con la que podamos ejercitar el privilegio de servir.

COSAS QUE PUEDEN PASAR

Aunque me tapo los oídos con la almohada y grito de rabia cuando suena el despertador...

Gracias a Dios que puedo oir. Hay muchos que son sordos.

Aunque cierro los ojos cuando, al despertar, el sol se mete en mi habitación...

Gracias a Dios que puedo ver. Hay muchos ciegos.

Aunque me pesa levantarme y pararme de la cama...

Gracias a Dios que tengo fuerzas para hacerlo. Hay muchos postrados que no pueden.

Aunque me enojo cuando no encuentro mis cosas en su lugar porque los niños hicieron un desorden...

Gracias a Dios que tengo familia. Hay muchos solitarios.

Aunque la comida no estuvo buena y el desayuno fue peor...

Gracias a Dios que tengo alimentos. Hay muchos con hambre.

Aunque mi trabajo en ocasiones sea monótono o rutinario...

Gracias a Dios que tengo ocupación. Hay muchos desempleados buscando trabajo por las calles.

Aunque no estoy conforme con la vida, peleo conmigo mismo y tengo muchos motivos para quejarme...

Gracias a Dios por la vida.

Cuando veo mis manos maltratadas, por el trabajo, y mi bajo salario...

Gracias Señor, pues tengo manos. Algunos no tienen manos...

Cuando me quejo que nadie me quiere,

Gracias Padre de los Cielos... porque envió a su hijo amado a morir por mi... El me ha demostrado su amor.

Gracias Padre Celestial por el aire que respiro, porque sigo respirando... Varios han dejado de hacerlo hoy... Son tantas las Cosas que tengo que agradecerte... Por cada día que me permites despertar a la Vida...

Gracias a Dios ... Recuerda decir "Gracias"...

"Sonrie siempre que Dios te bendice"

BUSCA DENTRO DE TU ALMA

Paseaba un día en la mañana, con mi padre, cuando él se detuvo en una curva en medio de una carretera vieja, con poca fluencia de vehículos y de gente, eso fue lo que observaba en ese momento, y después de un espacio de silencio me preguntó mi padre:

– ¿Andrés, además del cantar de los pájaros, el radiante sol, el olor de las rosas que están mas allá de la montaña escuchas alguna otra cosa más hijo mío?

Vi hacia mi alrededor y después de algunos segundos le respondí:

– Estoy escuchando el ruido de una carreta, padre.

– Así es –dijo mi padre.

– Es una carreta que se encuentra vacía hijo.

Pregunté a mi padre:

– ¿Cómo sabes que es una carreta vacía, sí aún no la vemos papá?

Entonces mi padre me respondió:

— Es muy fácil saber cuando una carreta está vacía, por causa del ruido Andrés. Cuanto más vacía la carreta, mayor es el ruido que hace.

Paso el tiempo, transcurrió los años, mi padre se me fue, a un viaje muy lejos, me convertí en adulto, y hasta hoy en día, cuando veo a una persona hablando demasiado, interrumpiendo la conversación de todas las personas a su alrededor, siendo inoportuna o a veces muy violenta, presumiendo de lo que tiene, sintiéndose prepotente, creyéndose mas que los demás seres humanos, tengo la impresión de oír la voz de mi padre diciendo: "Cuanto más vacía la carreta, mayor es el ruido que hace".

La humildad consiste en la vida callar las virtudes que llevamos por dentro y darle paso a que los demás las descubran. No es fácil encontrar la humildad, pero es un trabajo que debemos hacer, día tras día, por eso hay que recordar siempre esto, y darnos cuenta que existen personas tan pobres de alma, que lo único que tienen es dinero. Y ningún ser humano se encuentra más vacío que, aquel que está lleno de egoísmo, de envidia y de rencores, que no llevan a nada. Es por ello que dentro de esta corta vida, donde estamos de paso, tenemos que valorar cada segundo de ella, es entonces cuando me di cuenta que envejecer en la vida es una etapa obligatoria, pero que tener la madurez que buscamos, esta en cada uno de nosotros.

COMO UNA PERLA

Las perlas son producto del dolor... resultados de la entrada de una sustancia extraña e indeseable en el interior de la ostra, como un parásito o un grano de arena.

Las perlas son heridas curadas. En la parte interna de la ostra se encuentra una sustancia lustrosa llamada nácar. Cuando penetra en la ostra un grano de arena las células de nácar comienzan a trabajar y cubren el grano de arena con capas y capas y más capas de nácar para proteger el cuerpo indefenso de la ostra. Como resultado, se va formando una hermosa perla. *Una ostra que no fue herida no puede producir perlas,* porque la perla es una herida cicatrizada...

¿Te has sentido lastimado por las palabras hirientes de alguien? ¿Fuiste acusado de haber dicho cosas que nunca dijiste? ¿Tus ideas fueron rechazadas o mal interpretadas? ¿Sufriste los duros golpes de los preconceptos? Recibiste una porción de indiferencia? ¡Produce una perla! Cubre sus heridas con varias capas de amor. Desgraciadamente son pocas las personas que se interesan por este tipo de proceso. La mayoría sólo aprende a cultivar resentimientos dejando sus heridas abiertas... alimentándose con varios tipos de sentimientos pobres e impidiendo, por lo tanto, que las lesiones cicatricen. Así, en la práctica, vemos que son muchas las "ostras vacías"; no porque no hayan sido heridas, sino porque no supieron perdonar, comprender y transformar un dolor en amor.

EL ÁRBOL DE LOS PROBLEMAS

Un carpintero que había contratado para ayudarme a reparar mi casa, acaba de finalizar un duro primer día de trabajo. Las cosas no le salieron muy bien, su cortadora eléctrica se dañó, la madera que ordeno no era la adecuada y su antiguo camión se negaba a arrancar.

Ofrecí llevarlo a su casa y mientras íbamos en camino permaneció en silencio. Una vez que llegamos me invitó a conocer a su familia.

Mientras nos dirigíamos a la puerta, se detuvo brevemente frente a un pequeño árbol, tocando las puntas de las ramas con ambas manos.

Cuando se abrió la puerta, ocurrió una sorprendente transformación: su bronceada cara se lleno de alegría. Abrazó a sus dos pequeños hijos y le dió un beso a su esposa. Posteriormente, me acompañó hasta el auto.

Cuando pasamos cerca del árbol sentí curiosidad y le pregunté, acerca de lo que le había visto hacer un rato antes.

El me contestó: "Ese es mi árbol de problemas. Sé que no puedo evitar tener problemas, pero no pertenecen a la casa, ni a mi esposa, ni a mis hijos. Así que simplemente los cuelgo en el árbol cada tarde cuando llego a casa. Luego en la mañana los recojo otra vez. Lo interesante es, —dijo sonriendo—, que cuando salgo en la mañana a recogerlos, ni remotamente hay tantos como recuerdo haber dejado la noche anterior…"

LA SOLEDAD

¿A veces sientes que todo el mundo esta de cabeza y todo lo que haces esta mal y que nadie te entiende o te comprende? ¿Estas solo en tu habitación y nadie te escucha? ¿Los problemas van y vienen y no sabes que hacer?

La soledad es difícil y a veces es mas dura de lo que crees pero siempre hay una luz en el camino una que brilla y que puede llegar cuando tu quieras. La soledad a veces te hace encontrarte a ti mismo y disfrutar cosas que no disfrutas. Como por ejemplo ir a donde quieras, eres dueño de tu espacio. Aunque en realidad resulta difícil aceptarlo, sí puedes convivir con la soledad.

¿Por qué puedes convivir con ella (soledad)? Porque aprendes a amarte a ti mismo, porque realizas cosas que nunca haz hecho solo por esa razón. Porque es bello ver la vida de otro punto de vista y disfrutar tal como aparecen las cosas. Porque haces lo que dejaste de hacer. Porque convives con tu familia, con tus hermanos, amigos etc. Porque es allí cuando te encuentras a ti misma. Porque te das cuenta que el sentido o alegría la pones tu a la vida. Porque te das la oportunidad para disfrutar al máximo lo que realizas.

¿Por qué temerle a la soledad?

Simplemente es un miedo absurdo o porque lo escuchas decir. Simplemente porque te mentalizas que el estar solo te pondrá mal. Simplemente no pienses en esa palabra "soledad", porque tienes amigos. Simplemente porque tienes en tus manos la alegría y el sabor.

Simplemente porque no dejas que tus derrotas te consuman y te dejen mal. Simplemente continúa y no dejes que lo malo te venza. Simplemente porque lo malo debe ser un simple obstáculo para vencer lo negativo. Simplemente porque tu tienes el poder de tu vida. Simplemente porque tienes la llave de tu mente, tu corazón y eres tu el conductor. Simplemente porque tu diriges tu vida y tu felicidad. Simplemente decídelo y adelante (no existe la soledad). Simplemente aprende a vivir contigo mismo y aceptarte. Simplemente una sonrisa y lo positivo te hace ser mejor. Simplemente ve lo positivo y verás como se aclara todo.

CARRERA DE RANAS

"¡Que pena ustedes no lo van a conseguir!"

En uno de los rincones más densos del bosque y cerca de una gran río, se llevo a cabo una competencia de ranas. El objetivo era llegar a la cima de una gran roca que estaba a la orilla del río.

Había en el lugar una gran multitud, muchos otros animales se habían reunido a presenciar el evento, todos ellos estaban entusiasmados y gritaban con mucha emoción para animar a los concursantes. Sin embargo poco a poco el ánimo y entusiasmo de la multitud fue disminuyendo pues la roca era demasiada alta y resbaladiza. El esfuerzo de las ranitas no se veía muy prometedor. Gradualmente las porras de ánimo se convirtieron en gritos y burlas hacia las ranitas: "¡Que pena! Esas ranas no lo van a conseguir... no lo van a conseguir..." "¡Mira, mira que torpes y lentas son, jamás podrán llegar a la punta!"

Poco a poco las ranitas comenzaron a desistir. Pero había una –la más pequeña– que persistía y continuaba subiendo en busca de la cima. A paso lento, pero constante conseguía avanzar cada vez un poquito más. La multitud continuaba gritando: "¡Que pena ustedes no lo van a conseguir!...", "¡Rindanse es inútil que sigan tratando!" Se dirigían aún con más intensidad y desprecio a la pequeña ranita: "¡Estás muy pequeña, no lo vas a lograr, te caerás muy pronto!" Sin embargo la diminuta criatura se veía serena y tranquila, concentrada simplemente en alcanzar su meta, la cual se veía cada vez más cerca. Las críticas y abucheos siguieron hasta que finalmente el resto de las ranitas terminaron por darse por vencidas y desistieron en sus esfuerzos.

La única que logro llegar a lo alto de la roca, fue la pequeña ranita. Todo mundo quedo asombrado y no se explicaban como lo había logrado.

Entonces un búho sabio que había observado todo desde lo alto de un árbol se acerco para preguntarle a la ranita cómo es que había logrado llegar a la cima.

Grande fue su sorpresa y la de todos los demás al descubrir que la pequeña ranita ¡era sorda!

¡No permitas que personas con pésimos hábitos de ser negativos derrumben las mejores y más sabias esperanzas de tu corazón! Recuerda siempre el poder que tienen las palabras que escuchas. Por lo tanto, ¡preocúpate en ser positivo! Enfoca todos tus esfuerzos en tu mente y ¡no escuches las criticas y comentarios negativos que te distraigan de tu meta!

Se siempre "sordo" cuando alguien te diga que no puedes realizar tus sueños.

APRENDÍ Y DECIDÍ

Y así, después de esperar tanto, un día como cualquier otro, decidí triunfar.

Decidí no esperar a las oportunidades, sino yo mismo buscarlas.

Decidí ver cada problema como la oportunidad de encontrar una solución.

Decidí ver cada desierto, como la oportunidad de encontrar un oasis.

Decidí ver cada noche, como un misterio a resolver.

Decidí ver cada día, como una nueva oportunidad de ser feliz.

Aquel día descubrí que mi único rival no eran más que mis propias debilidades, y que en éstas, está la única y mejor forma de superarnos.

Aquel día dejé de temer a perder. Y costaba romper la costumbre, pero se pudo.

Descubrí que no era yo el mejor y que quizás nunca lo fui; me dejó de importar quién ganara o perdiera: ahora me importa simplemente ser mejor que ayer.

Aprendí que lo difícil no es llegar a la cima, sino jamás dejar de subir.

Descubrí que el amor es más que un simple estado de enamoramiento: el amor es una filosofía de vida.

Aquel día dejé de ser un reflejo de mis escasos triunfos pasados y empecé a ser mi propia tenue luz de este presente; aprendí que de nada sirve ser luz si no vas a iluminar el camino de los demás.

Aquel día decidí cambiar tantas cosas...

Aquel día aprendí que los sueños son solamente para hacerse realidad; desde aquel día ya no duermo para descansar: ahora simplemente duermo para soñar.

TOMAR RIESGOS

Dos semillas están juntas en la tierra sembrada. La primera dijo: "¡Quiero crecer! Quiero que mis raíces lleguen muy abajo en el suelo y que mis retoños rompan la corteza de la tierra que tengo arriba... Quiero desplegar mis tiernos brotes como banderas para anunciar la llegada de la primavera... Quiero sentir el calor del sol en mi cara y la bendición del rocío matinal en mis pétalos!"

Y entonces creció.

La segunda semilla dijo: "Tengo miedo. Si dejo que mis raíces vayan hacia abajo, no sé qué encontraré en la oscuridad. Si me abro camino a través del suelo duro por sobre mi puedo dañar mis delicados retoños ... ¿Y si dejo que mis brotes se abran y una serpiente trata de comerlos? Además, si abriera mis pimpollos, tal vez un niño pequeño me arranque del suelo. No, me conviene esperar hasta que sea seguro".

Y entonces esperó.

Un ave que andaba dando vueltas por el lugar en busca de comida, encontró a la semilla que esperaba y enseguida se la tragó.

Moraleja: Los que se niegan a correr riesgos y a crecer son tragados por la vida.

A EMPUJAR

Cuentan que un hombre bueno y justo vivía en el campo pero tenía problemas físicos, cuando un día se le apareció Jesús y le dijo:

"Necesito que vayas hacia aquella gran roca de la montaña, y te pido que la empujes día y noche durante un año".

El hombre quedó perplejo cuando escuchó esas palabras, pero obedeció y se dirigió hacia la enorme roca de varias toneladas que Jesús le mostró.

Empezó a empujarla con todas sus fuerzas, día tras día, pero no conseguía moverla ni un milímetro. A las pocas semanas llegó el diablo y le puso pensamientos en su mente:

"¿Por qué sigues obedeciendo a Jesús? Yo no seguiría a alguien que me haga trabajar tanto y sin sentido. Debes alejarte, ya que es estúpido que sigas empujando esa roca, nunca la vas a mover".

El hombre trataba de pedirle a Jesús que le ayudara para no dudar de su voluntad, y aunque no entendía, se mantuvo en pie con su decisión de empujar.

Con los meses, desde que se ponía el sol hasta que se ocultaba aquel hombre empujaba la enorme roca sin poder moverla, mientras tanto su cuerpo se fortalecía, sus brazos y piernas se hicieron fuertes por el esfuerzo de todos los días. Cuando se cumplió el tiempo el hombre elevó una oración a Jesús y le dijo:

"Ya he hecho lo que me pediste, pero he fracasado, no pude mover la piedra ni un centímetro". Y se sentó a llorar amargamente pensando en su muy evidente fracaso. Jesús apareció en ese momento y le dijo: "¿Por qué lloras? ¿Acaso no te pedí que empujaras la roca? Yo nunca te pedí que la movieras, en cambio mírate, tu problema físico ha desaparecido. No has fracasado, yo he conseguido mi meta, y tú fuiste parte de mi plan".

Muchas veces al igual que este hombre, vemos como ilógicas las situaciones, problemas y adversidades de la vida, y empezamos a buscarle lógica, nuestra lógica, a la voluntad de Dios y viene el diablo y nos dice que no servimos, que somos inútiles o que no podemos seguir. El día de hoy es un llamado a "empujar" sin importar que tantos pensamientos de duda ponga el diablo en nuestras mentes, pongamos todo en las manos de Jesús, y Él por medio de su voluntad nunca nos hará perder el tiempo, más bien, ¡nos hará ser más fuertes!

LA PARTIDA

Que triste es la partida de dejar tu ciudad natal, dejas amigos y gente, hermanos, papá y mamá; a veces la vida no es justa si los sueños quieres lograr, el costo de ellos es caro... Y el precio lo ¡pagarás!

En no estar con tu familia ni en tu cumpleaños ni en Navidad.

Que triste es la partida de ver tu vida pasar...

Pasan los recuerdos de infancia de año nuevo y tiempo atrás, las lágrimas ya no cesan, y el corazón, cada vez duele más....

Estoy llorando de tristeza le temo a la soledad, me llena el pensamiento... la idea de dar marcha atrás.

Que triste es la partida al dejar tu ciudad natal... la dejas por lograr tus sueños y las alas poder desplegar iniciando el más grande vuelo de éxito y felicidad

Pero vez al paso del tiempo...

¡El premio a tu sacrificio!, ¡tus padres están orgullosos!, ¡tus hijos sienten lo mismo!

Ahora estas satisfecho por lograr tus objetivos, por haber desplegado las alas y recorrer nuevos caminos

El éxito has alcanzado. Valió la pena el sacrificio.

COMO PAPEL ARRUGADO

Mi carácter impulsivo, cuando era niño me hacia reventar en cólera a la menor provocación, la mayoría de las veces después de uno de éstos incidentes, me sentía avergonzado y me esforzaba por consolar a quien había dañado.

Un día mi maestro, que me vio dando excusas después de una explosión de ira, me llevó al salón y me dió una hoja de papel lisa y me dijo: ¡Estrújalo! Asombrado obedecí e hice con él una bolita. Ahora —volvió a decirme— déjalo como estaba antes. Por supuesto que no pude dejarlo como estaba, por más que traté el papel quedó lleno de pliegues y arrugas.

El corazón de las personas —me dijo— es como ese papel... La impresión que en ellos dejas, será tan difícil de borrar como esas arrugas y esos pliegues.

A partir de ese día aprendí a ser más comprensivo y paciente. Cuando siento ganas de estallar, recuerdo ese papel arrugado. La impresión que dejamos en los demás es imposible de borrar... Más cuando lastimamos con nuestras reacciones o con nuestras palabras... Luego queremos enmendar el error pero ya es tarde.

Alguien dijo alguna vez: *"Habla cuando tus palabras sean más dulces que el silencio"*. Por impulso no nos controlamos y sin pensar arrugamos los corazones de las personas que amamos.

DEPENDE DE QUIEN SON LAS MANOS

Una pelota de basketball en mis manos vale $19 dólares. En las manos de Michael Jordan vale $33 millones de dólares.

Depende de quién son las manos.

Una pelota de baseball en mis manos vale $6 dólares. En las manos de Barry Bonds vale $19 millones de dólares.

Depende de quién son las manos.

Un lápiz en mis manos es para poner mi nombre. En las manos de William Shakespeare es para crear historias.

Depende de quién son las manos.

Una vara en mis manos podrá ahuyentar a una fiera salvaje. En las manos de Moisés hará que las aguas del mar se separen.

Depende de quién son las manos.

Una honda en mis manos es tan solo un juguete. En las manos de David es un arma potente.

Depende de quién son las manos.

Dos peces y cinco piezas de pan en mis manos son unos emparedados. En las manos de Jesús alimentan a una multitud.

Depende de quién son las manos.

Unos clavos en mis manos serán suficientes para construir una silla. En las manos de Jesucristo traen la salvación al mundo entero.

Depende de quién son las manos.

Como podrás ver, depende de quién son las manos.

Así que, coloca tus aflicciones, tus preocupaciones, tus temores, tus anhelos, tus sueños, a tu familia y a tus relaciones personales en las manos de Dios.

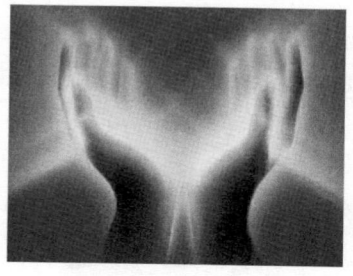

RECETA DEL AMOR

Me dispongo a elaborar la receta del amor.

Tres ingredientes básicos que son: Querer, Ayudar y Respetar.

Todos ellos con un toque de locura y añadimos por encima el verbo llorar.

Lo pongo en la sartén, para quitar el orgullo, que es lo que engorda, lo mezclo con sinceridad y me sale una mezcla fabulosa.

Aún no he terminado... ¿tendrán romanticismo? Bajaré a comprarlo. Me contaron que de eso ya no había, que se acabo con esta sociedad fría. Pedí un poco de sentimiento, pero de eso poca gente tenía.

Mire en el armario, me quedaba un poco de sonrisa, la fui echando mientras pelaba trozos de alegría.

Una vez todo mezclado lo introduje en el horno, lo saque con cuidado y tu nombre salió grabado...

PAPA OLVIDA

Escucha, hijo: voy a decirte esto mientras duermes, una manecita metida bajo la mejilla y los finos cabellos pegados a tu frente humedecida.

He entrado solo a tu cuarto. Hace unos minutos, mientras leía mi diario en la biblioteca, sentí una hola de remordimiento que me ahogaba. Culpable, vine junto a tu cama. Esto es lo que pensaba, hijo: me enojé contigo.

Te regañé porque no te limpiaste los zapatos antes de entrar a la casa. Te grité porque dejaste caer algo al suelo. Durante el desayuno te regañé también. Volcaste las cosas. Tragaste la comida sin cuidado. Pusiste los codos sobre la mesa. Untaste demasiado el pan con la mantequilla.

Y cuando te ibas a jugar y yo salía a tomar el tren, te volviste y me saludaste con la mano y dijiste alegre: "¡Adiós, papito!" y yo fruncí el entrecejo y te respondí: "¡Ten erguidos los hombros!"

Al caer la tarde todo empezó de nuevo. Al acercarme a casa te vi, de rodillas, jugando en la calle. Tenías agujeros en los calcetines.

Te humillé ante tus amiguitos al hacerte marchar a casa delante de mí. Los calcetines son caros, y si tuvieras que comprarlas tú, serías más cuidadoso. Pensar, hijo, que un padre diga eso.

¿Recuerdas, más tarde, cuando yo leía en la biblioteca y entraste tímidamente, con una mirada de perseguido? Cuando levanté la vista del diario, impaciente por la interrupción, vacilaste en la puerta. "¿Qué quieres ahora?", te dije bruscamente. Nada respondiste, pero te lanzaste en tempestuosa carrera y me echaste los brazos al cuello y me besaste, y tus bracitos me apretaron con un cariño que Dios había hecho florecer en tu corazón y que ni aún el descuido ajeno puede agostar. Y luego te fuiste a dormir, con breves pasitos ruidosos por la escalera.

Bien, hijo: poco después fue cuando se me cayó el diario de las manos y entró en mí un terrible temor. ¿Qué estaba haciendo de mí la costumbre? La costumbre de encontrar defectos, de reprender; ésta era mi recompensa a ti por ser un niño. No era que yo no te amara; era que esperaba demasiado de ti. Y medía según la vara de mis años maduros. Y hay tanto de bueno y de bello y de recto en tu carácter. Ese corazoncito tuyo es grande como el sol que nace entre las colinas.

Así lo demostraste con tu espontáneo impulso de correr a besarme esta noche. Nada más que eso importa esta noche, hijo. He llegado hasta tu camita en la oscuridad, y me he arrodillado, lleno de vergüenza.

Es una pobre explicación; sé que no comprenderías estas cosas si te las dijera cuando estás despierto. Pero mañana seré un verdadero papito. Seré tu compañero, y sufriré cuando sufras, y reiré cuando rías. Me morderé la lengua cuando esté por pronunciar palabras impacientes. No haré más que decirme, como si fuera un ritual: "No es más que un niño, un niño pequeñito".

Temo haberte imaginado hombre. Pero al verte ahora, hijo, acurrucado, fatigado en tu camita, veo que eres un bebé todavía. Ayer estabas en los brazos de tu madre, con la cabeza en su hombro. He pedido demasiado, demasiado...

W. Livingston Larned

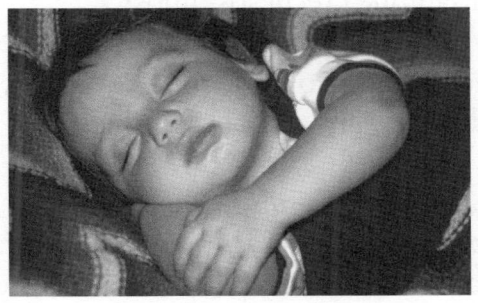

CUANDO DIOS CREO A LOS PADRES

Cuando Dios creó a los padres, comenzó con una talla grande.

Un ángel se le acercó y le dijo:

"¿Qué clase de Padre es ese? ¿Si estás haciendo niños tan cerca del suelo, por qué pones al Padre tan arriba? No podrá jugar canicas sin arrodillarse, arropar a un niño en cama sin torcerse la espalda, o besar a un niño sin encorvarse".

Dios sonrió y dijo:

"Sí, pero si le hago del tamaño de un niño, ¿Cómo quién tendrían que crecer los niños?"

Y cuando Dios hizo las manos del Padre, éstas eran grandes. El ángel agitó su cabeza y dijo:

"Las manos grandes no pueden sujetar un pañal, abrochar botones pequeños, poner un curita, o quitar astillas a causa de jugar con un bate de béisbol".

De nuevo Dios sonrió y dijo:

"Lo sé, pero son lo suficientemente grandes para sostener todo lo que un muchacho pequeño vacía de sus bolsillos, y todavía bastante pequeñas para acariciar la cara de una niño con una sola de ellas".

Entonces Dios amoldó piernas largas delgadas y hombros anchos. "¿Te has dado cuenta que hiciste un padre sin regazo?" El ángel lo dijo susurrando.

Dios dijo: "Una madre requiere un regazo. Un padre necesita hombros fuertes para tirar un trineo, balancear a un muchacho en una bicicleta, o sostener una cabeza soñolienta de un pequeño como un gran malabarista".

Cuando Dios estaba en el medio de la creación se mostraron los pies más grandes vistos hasta entonces, el ángel no pudo contenerse más:

"Esto no es confiable. ¿Honestamente crees que esos pies van a llegar rápido a la cama del bebé cuando llore en las mañanas, o andar a través de una fiesta de cumpleaños sin pisar a los huéspedes?"

Y Dios dijo:

"Funcionarán. Ya lo verás. Soportarán y tendrán la fuerza para pedalear con un niño pequeño un paseo en bicicleta por la montaña o asustarán ratones en una cabaña de verano, y mostrarán al pequeño el desafío de llenar esos zapatos".

Dios trabajó todo la noche, dio al padre pocas palabras, pero una voz firme para mostrar autoridad; ojos que ven todo, pero con calma y tolerancia. Lo dotó también de una gran sabiduría para educar a sus hijos y tomar las decisiones correctas.

Finalmente, agregó lágrimas. Entonces volvió al ángel y le dijo: "¿Ahora estás satisfecho? ¡Puede amar intensamente como lo hace una madre!"

El ángel no dijo más.

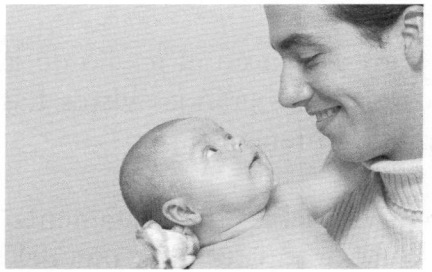

LA LEYENDA DEL VERDADERO AMIGO

Dice una antigüa leyenda árabe que dos amigos viajaban por el desierto y en un determinado punto del viaje discutieron. El otro, ofendido, sin nada que decir, escribió en la arena:

"Hoy, mi mejor amigo me pego una bofetada en el rostro".

Siguieron adelante y llegaron a un oasis donde resolvieron bañarse. El que había sido abofeteado y lastimado comenzó a ahogarse, siendo salvado por el amigo. Al recuperarse tomó una piedra y con grandes esfuerzos escribió en ella:

"Hoy, mi mejor amigo me salvo la vida".

Intrigado, el amigo preguntó:

– ¿Por qué después que te lastimé, escribiste en la arena y ahora escribes en una piedra?

Sonriendo, el otro amigo respondió:

– Cuando un gran amigo nos ofende, deberemos escribir en la arena donde el viento del olvido y el perdón se encargarán de borrarlo y apagarlo; por otro lado cuando nos pase algo grandioso, deberemos grabarlo en la piedra de la memoria del corazón donde viento ninguno en todo el mundo podrá borrarlo.

FILOSOFÍA CANINA

¿Alguna vez has intentado actuar con filosofía canina? Inténtalo...

1. Nunca dejes la oportunidad de salir a pasear.

2. Experimenta la sensación del aire fresco y del viento en tu cara sólo por placer.

3. Cuando alguien a quien amas se aproxima, corre para saludarlo.

4. Cuando haga falta, practica la obediencia.

5. Deja que los demás sepan cuándo están invadiendo tu territorio.

6. Siempre que puedas toma una siesta y estírate antes de levantarte.

7. Corre, salta y juega diariamente.

8. Sé siempre leal.

9. Come con gusto y con entusiasmo, pero detente cuando ya estés satisfecho.

10. Nunca pretendas ser algo que no eres.

11. Si lo que deseas está enterrado, cava hasta encontrarlo.

12. Cuando alguien tenga un mal día, guarda silencio, siéntate cerca de él y trata de agradarlo.

13. Cuando quieras llamar la atención, deja que alguien te toque.

14. Evita morder por cualquier problema.

15. En los días cálidos, acuéstate sobre tu espalda y goza el día.

16. En los días calientes, bebe mucha agua y descansa bajo un árbol frondoso o en tu rinconcito preferido.

17. Cuando te sientas feliz, baila y balancea tu cuerpo.

18. No importa cuántas veces seas censurado, no asumas ningún rencor y no te entristezcas... Corre inmediatamente hacia tus amigos .

19. Alégrate con el simple placer de una caminata.

20. Mantente siempre alerta pero tranquilo.

21. Da cariño con alegría y deja que te acaricien.

Pero eso sí ... ¡No hagas nunca el amor en la calle!

LA VIDA

La vida es una oportunidad, *aprovéchala*.

La vida es belleza, *admírala*.

La vida es agradable, *saboréala*.

La vida es un sueño, *hazlo realidad*.

La vida es un reto, *afróntalo*.

La vida es un deber, *cúmplelo*.

La vida es un juego, *participa en él*.

La vida es preciosa, *cuídala*.

La vida es riqueza, *consérvala*.

La vida es amor, *gózala*.

La vida es un misterio, *revélalo*.

La vida es una promesa, *cúmplela*.

La vida es tristeza, *supérala*.

La vida es un himno, *cántalo*.

La vida es un combate, *acéptalo*.

La vida es una tragedia, *domínala*.

La vida es una aventura, *arrástrala*.

La vida es felicidad, *merécela*.

La vida es un regalo de Dios,
recíbela con júbilo y amor en tu corazón,
atesórala como lo más valioso que hay en este mundo
y *vívela* plenamente junto a aquellos
que amas y te rodean.

Pero sobre todo, *enséñales* también
el significado de *vivir*.

A MI PADRE, A MI MADRE

*"Aprenderé y haré siempre lo que tú hagas,
aunque no lo digas"*

 No me des todo lo que te pida; a veces sólo pido para ver cuánto puedo obtener. No me des órdenes; si en lugar de ordenarme, me pidieras las cosas de buen modo, las haría con más rapidez y con mayor gusto.

Cumple las promesas, buenas o malas; si me prometes un premio, dámelo; pero también si es un castigo. No me compares con otros, especialmente con mis hermanos, pues si me haces menos frente a los demás, entonces sufriré y me sentiré inseguro.

No corrijas mis faltas delante de otros, hazlo cuando estemos nada más tú y yo. No me grites, porque te respeto menos cuando lo haces, y acabo por gritar yo también, y no quiero hacerlo. Déjame valerme por mí mismo; si tú haces todo por mí, nunca aprenderé.

Y por favor, no mientas delante de mí, ni me pidas que lo haga por ti, aunque sea para ayudarte en algún problema. Me incomodas y me haces perder la fe en lo que dices.

Háblame de Dios para que yo lo ame tal como dices que debe ser un hijo suyo, pero de nada servirá, si tú no actúas así.

Cuando te cuente mis problemas, no me digas "no tengo tiempo para boberías", o "eso no tiene importancia". Trata de comprenderme sin olvidar que sólo soy un niño.

Si me quieres, dímelo, me gusta que me lo digas, aunque tú no lo creas necesario.

Cuando haga algo mal, no me exijas que te diga "por qué" lo hice; dame tiempo para reflexionar y así me enseñarás a admitir mis equivocaciones.

No me pidas que no haga algo que tú haces. Aprenderé y haré siempre lo que tú hagas, aunque no lo digas, pero nunca lo que tú digas y no hagas.

SÓLO POR HOY SERÉ FELIZ

Sólo por hoy seré feliz, arrancaré de mi espíritu todo pensamiento triste.

Me sentiré más alegre que nunca, no me lamentaré de nada. Hoy agradeceré a Dios la alegría y la felicidad que me regala.

Trataré de ajustarme a la vida y aceptaré al mundo como es y me adaptare a el. Si algo sucediera que me desagrade, no me mortificaré, ni me lamentaré. Agradeceré que halla sucedido, por que así se puso a prueba mi voluntad de ser feliz.

Hoy seré dueño de mis nervios, de mis pensamientos y de mis impulsos por que para triunfar tengo que tener el dominio de mí mismo.

Trabajaré alegremente, con entusiasmo, con amor haré de mi trabajo una diversión, comprobaré que soy capaz de trabajar con alegría.

No pensaré en los fracasos. Si las personas a quienes tengo aprecio me desprecian, las ofreceré al Señor.

Seré agradable. Si comienzo a criticar a una persona, cambiaré la crítica por elogio. Todas las personas tienen sus defectos y sus virtudes. Olvidaré los defectos y concentraré mi atención en sus virtudes. Hoy evitaré conversaciones y disgustos desagradables.

Hoy eliminaré dos plagas: la prisa y la indecisión.

Hoy viviré con calma y con paciencia por que la prisa es la enemiga de una vida feliz y triunfadora. No permitiré que la prisa me acose, ni que la impaciencia me abrume.

Hoy le haré frente a todos los problemas con decisión y valentía, y no dejaré ninguno para mañana.

No tendré miedo, actuaré valientemente. El futuro me pertenece. Olvidaré todo lo desagradable del pasado. Hoy tendré confianza en Dios, me ayudará y ayudará a los que luchan y trabajan.

No envidiaré a los que tienen más dinero, más belleza o más salud que yo.

Trataré de resolver los problemas de **hoy**, el futuro se resuelve por sí mismo. El destino pertenece a los que luchan.

Hoy tendré un programa que realizar. Si algo se queda sin hacer no me desesperaré, lo haré mañana.

No pensaré en el pasado. No guardaré rencor a nadie. Practicaré la Ley del Perdón.

Asumiré mis responsabilidades, y no culparé de mis problemas a otras personas.

Hoy comprobaré que Dios me ama y me premia.

Haré un bien a alguien. ¿Acaso a quién?, quizás a mí mismo. Buscaré algunas personas para hacerla pero sin que lo descubran.

Seré cortés y generoso. Trataré de pagar al mal con bien.

Y al llegar la noche, comprobaré que Dios me premió con un día de plena felicidad y mañana haré otro día como el de hoy.

LA CASA EN EL CIELO

Una señora soñó que llegaba al cielo y que, junto a las ciento veinte mil personas que mueren cada día, estaban haciendo fila para saber cuál era su destino eterno.

De pronto apareció San Pedro y les dijo: "Vengan conmigo y les mostraré en qué barrio está la casa que le corresponde a cada uno. Aquí la única cuota inicial que se recibe para su habitación eterna es la **caridad**, traducida en obras de misericordia, comprensión, respeto por los demás, interés por la salvación de todos".

Los fue guiando por barrios primorosos, como ella jamás hubiera pensado que pudieran existir.

Llegaron a un barrio con todas las casas en oro; puertas doradas, techos dorados, pisos de oro, muros de oro. ¡Que maravilla...!

San Pedro exclamó; "Aquí todos los que invirtieron mucho dinero en ayudar a los necesitados; aquellos a quienes su amor a los demás si les costó en la tierra". De esa manera fueron entrando todos los generosos, los que partieron su pan con el hambriento y regalaron sus vestidos a los pobres y consolaron a los presos y visitaron enfermos.

La señora quiso entrar pero un ángel la detuvo diciéndole: "Perdóneme, pero usted en la tierra no daba sino migajas a los demás. Jamás dio algo que en verdad costara, ni en tiempo, ni en dinero, ni en vestidos...

Este barrio es solamente para los generosos". Y no la dejó entrar.

Pasaron luego a otro barrio de la eternidad. Todas las casas construidas en marfil. ¡Qué blancura, qué primor! Los pisos de marfil, los techos de marfil.

La señora se apresuró para entrar a tan hermoso barrio pero otro ángel guardián la tomó del brazo y le dijo respetuosamente: "Me da pena pero este barrio es únicamente para aquellos que, en el trato con los demás fueron delicados, comprensivos y bondadosos. Y usted era muy dura, falsa y criticona, y a veces hasta grosera en el trato con los demás".

Y mientras todos los que habían sido exquisitos en sus relaciones humanas, entraban gozosos a tomar posesión de sus lujosas habitaciones, la pobre mujer se quedaba afuera, mirando con envidia a los que iban entrando a tan esplendoroso barrio.

Le faltaba la cuota inicial... Haber tratado bien a los demás. Siguieron luego a un tercer barrio. Aquello era lo máximo en luminosidad y belleza. Todas las casas eran de cristal. Pero de unos cristales excepcionalmente brillantes y hermosos. Paredes de cristales multicolores, techos de cristales refractarios, ventanas de cristales que parecían arco iris.

La señora corrió a posesionarse de una de aquellas maravillosas habitaciones, pero el ángel portero la detuvo y le dijo muy serio: "En su pasaporte dice que usted no se interesó por enseñar a las personas que estaban a su alrededor el camino del bien y la verdad. Este barrio es exclusivamente para las personas que ayudan a los otros a buscar la felicidad".

Aquí se cumple lo que anunció el Profeta Daniel: "Quienes enseñen a otros a ser buenos, brillarán como estrellas por toda la eternidad". Y usted nunca se preocupó porque las personas que con usted vivían se volvieran mejores. Así que aquí no hay casa para usted. *Le faltó la cuota inicial...* Haber ayudado a los otros a mejorar su vida.

Entristecida, la pobre mujer veía que entraban muchísimas personas radiantes de alegría a tomar posesión de su habitación eterna, mientras ella, con un numeroso grupo de egoístas eran llevados cuesta abajo a un barrio verdaderamente feo y asqueroso. Todas las habitaciones estaban construidas de basura. Puertas de basura. Techos de basuras. Los buitres sobrevolaban sobre aquella hediondez; ratones y murciélagos rondaban por allí.

Ella se puso un pañuelo en la nariz por que la fetidez era insoportable y quiso salir huyendo, pero el guardián del barrio le dijo con voz muy seria: "Una de estas casas será tu habitación; puede pasar a tomar posesión de ella".

La angustiada mujer gritó que no, que era horrible, que no sería capaz de habitar en ese montón de basura. Y el ángel le respondió: "Señora, esto es lo único que hemos podido construir con la cuota inicial que usted envió desde la tierra. Las habitaciones de la eternidad las hacemos con la cuota inicial que las personas mandan desde el mundo. Usted solamente nos enviaba cada día egoísmo, mal trato a los demás, murmuraciones, críticas, palabras hirientes, tacañerías, odios, rencores, envidias. ¿Qué más podríamos haberle construido? Usted misma nos mandó el material para hacerle su *mansión*".

La mujer empezó a llorar y a decir que no quería quedarse a vivir allí y de pronto, al hacer un esfuerzo por zafarse de las manos de quien la quería hacer entrar en semejante habitación, dio un salto y se despertó... Tenía la almohada empapada de lágrimas. Pero aquella pesadilla le sirvió de examen de conciencia y desde entonces empezó a pagar la cuota inicial de su casa en la eternidad. Generosidad con los necesitados, bondad en el trato con los demás, preocupación y dedicación para enseñar a otros el camino del bien.

¿Qué tal si empezamos a pagar la cuota inicial?

200 Poemas de Amor
Colección de oro de los autores más grandes de todos los tiempos.

Una selección de las más bellas poesías de amor de todos los tiempos. Incluye poemas de: Pablo Neruda, Amado Nervo, Rubén Darío, Gabriela Mistral, Gustavo A. Bécquer, Federico García Lorca, Antonio Machado, Mario Benedetti y Juan Ramón Jiménez entre otros.

Nuevo Diccionario de los Sueños

Todos recibimos mensajes en nuestros sueños, estos mensajes nos ayudan a tomar decisiones, nos previenen de situaciones negativas o peligrosas y nos comunican mensajes divinos.

Este es un libro práctico y completo que le ayudará a interpretar más de 2,000 sueños.

33,000 Nombres para Bebé

Compendio de los nombres más populares. Descubra el origen y significado de más de 33,000 nombres de origen Italiano, Latín, Hebreo, Griego, Germano, Arabe, Inglés, Castellano, Francés; así como nombres menos comunes de orígen Maya, Tarasco, Inca, Azteca y Nahuatl.

Para información y ventas de estas obras en los Estados Unidos llame gratis al **1(888) 246-3341** o en Internet visite **www.AimeeSBP.com**

LIBROS, AUDIOS Y VIDEOS DE ALEX DEY

Libros:

- La Biblia del Vendedor
- El Despertador.
- El Poder de la Mujer.
- La Magia de Negociar.
- ¡Claro que sí se puede!
- ¡Atrévete! No pasa nada.
- ¡Créalo! Sí se puede.
- Cómo lograr todo lo que quieras.
- La Fórmula de la Abundancia.

Audios:

- El Despertador.
- Cómo lograr todo lo que te propones.
- The RED disk.
- Mercadotecnia.
- El poder ilimitado de la magia mental (6 CDs).
- Cómo dominar el arte de la venta moderna (6 CDs).
- La Magia de la Negociación (6 CDs).
- El Poder de la Mujer (6 CDs).
- ¡Créalo! Sí se puede (6 CDs).
- Neuro.com (6 CDs).
- La Familia Funcional (5 CDs, 1 CD-ROM).

Videos:

- Enciclopedia de Ventas (6 DVDs).
- El Precio de la Transformación (2 DVDs).
- Psicólogo en 30 minutos (2 DVDs).

Para información y ventas de estas obras en los Estados Unidos llame gratis al **1(888) 246-3341** o en Internet visite **www.AimeeSBP.com**